Franz Kamphaus
Wenn Gott zur Welt kommt

Franz Kamphaus

Wenn Gott zur Welt kommt

Worte zu Weihnachten

Herausgegeben
von
Hanno Heil

Herder

Freiburg · Basel · Wien

Bildnachweis

Seite 16: Walter Habdank, In Erwartung – Zu Psalm 130. Holz-
schnitt.

Seite 24: Straßenarbeiter in Bolivien (Foto: Herzog/present).

Seite 34: Michael Pacher (um 1435–1498), Singende Engel, aus
dem Schnitzaltar in St. Wolfgang.

Seite 54: Verkündigung an Hirten. Ausschnitt. Perikopenbuch
Heinrich II. Reichenauer Buchmalerei, um 1010 (München,
Staatsbibliothek).

Seite 58: Greccio, Höhle am Berghang. Hier feierte Franziskus
Weihnachten erstmals mit der Krippe, dargestellt im späteren
Fresko der Kapelle (Foto: T. Schneiders).

Seite 68: Erde, von Satellit aus gesehen (Foto: European Space
Agency).

Seite 83: Rembrandt Harmensz van Rijn, Anbetung der Hirten,
1645. Ausschnitt (London, National Gallery).

Seite 95: Anbetung der Könige. Ausschnitt aus Bronzetür von
Fritz Fleer, 1959, der Betlehemkirche, Hamburg-Eimsbüttel.

Seite 118: Hieronymus Bosch (um 1450–1516) oder Umkreis,
Anbetung der Hirten. Ausschnitt (Köln, Wallraf-Richartz-Mu-
seum).

Seite 126: Kirchenglocke (Foto: H. Zander).

Seite 133: Geertgen tot Sint Jans (um 1455–1495), Heilige Nacht.
Ausschnitt (London, National Gallery).

Seite 136: Astronomische Uhr im Dom zu Münster in Westfa-
len.

Umschlagbild: Geburt Christi. Elfenbeinrelief, um 1140 (Köln,
Schnütgen-Museum).

Zugunsten des Bischöflichen Hilfswerkes Misereor

Vorwort

Wenn man auf die Dekoration der Schaufenster, die Fernsehprogramme oder den Schmuck der Wohnungen schaut, steht fest: Von allen christlichen Festen ist das Weihnachtsfest jenes, welches in unserer Gesellschaft die höchste Aufmerksamkeit erfährt. Diese Wertschätzung speist sich jedoch aus unterschiedlichen Quellen. Traditionspflege, Geschäftssinn und Konsumlust verfließen dabei mit Familiensinn, Festesfreude und religiöser Sehnsucht. Die Vermischung solch unterschiedlicher Motive droht mitunter die ursprüngliche Botschaft des Weihnachtsfestes zu verdecken.

Diese Botschaft läßt sich leicht in vier Worte fassen: „Gott ist Mensch geworden." Aber ist sie ebenso leicht zu verstehen? Von vielen Zeitgenossen Jesu wurde sie bereits als Zumutung empfunden. Und heute? In unseren Tagen geht vielen schon das Wort „Gott" nicht so leicht über die Lippen. Glaube ist keine Selbstverständlichkeit in der modernen Gesellschaft. Verdankt diese doch viele ihrer Fortschritte und Bequemlichkeiten einer Technik, die auf Überprüfbarkeit und Berechenbarkeit gründet.

Selbst-verständlich war Glaube noch nie. Er war immer auf Verständnishilfe angewiesen. Wenn Gott sich nicht selbst bestimmten Menschen gezeigt hätte und wenn diese Offenbarung nicht an andere weitergesagt worden wäre, gäbe es den christlichen Glauben nicht. Und dieser Glaube hätte auch keine Zukunft, wenn er nicht immer wieder von Mensch zu Mensch, von Generation zu Generation weitergegeben würde.

Weihnachten ist ein Prüfstein für das Gelingen dieser Vermittlung. Die vorliegende Sammlung von Texten des Limburger Bischofs Franz Kamphaus zum Weihnachtsfest zeigt, wie die Verkündigung in stets neuer Form dem Evangelium einen Weg in die Herzen der Menschen bahnen will. Als Predigten, Rundfunkansprachen oder Meditationen verfaßt, möchten die einzelnen Texte Verständnishilfe und Hinführung zu einer beglückenden Mitfeier der Weihnacht sein.

Anhand von Schrifttexten und Alltagserfahrungen, Bildern und Gedichten lädt der Autor zur Betrachtung der Weihnachtsfeier ein. Betrachten ist etwas anderes als erklären. Mit Erklärungen sind wir heute schnell bei der Hand. Für Betrachtungen fehlt meist die Zeit. Es gibt jedoch Dimensionen unseres Lebens, die mit Erklärungen nicht in den Griff zu bekommen sind, wie z. B. die Sehnsucht, die Liebe und die Geburt eines Menschen. Davon handeln die Texte des vorliegenden Buches. Ihre Lektüre erfordert ein gewisses Maß an Muße, um bei der Leserin und dem Leser eine Haltung anzuregen, die Weihnachten in der Tat verdient: höchste Aufmerksamkeit.

Hanno Heil

6

Inhalt

IV. Menschwerdung des Menschen

V. Zeitenwende – Jahreswende

I

Advent: Jesus empfangen

Komm, Herr Jesus

¹⁷Der Geist und die Braut aber sagen: Komm! Wer hört, der rufe: Komm! Wer durstig ist, der komme. Wer will, empfange umsonst das Wasser des Lebens.

²⁰Er, der dies bezeugt, spricht: Ja, ich komme bald. – Amen. Komm, Herr Jesus!

²¹Die Gnade des Herrn Jesus sei mit allen!

(Offb 22,17.20 f.)

Manchmal geht mir ein verrückter Gedanke durch den Kopf. Ich stelle mir vor: Was wir singen und beten, das passierte – tatsächlich! Wir rufen: „Komm, o mein Heiland Jesu Christ!" „Komm, Herr Jesus, komm!" – und er kommt, hier in unsere Mitte, nach Münster, Berlin oder Köln. Er ist da. Was dann?

Wenn er käme

Sicher brächte er unser Programm hier erheblich durcheinander. Wir könnten nicht einfach weitermachen, wir könnten nicht mehr so schön von seinem Kommen singen. Mit unserem Weihnachten wäre es dann vorbei, denn – er wäre ja da. Welten brächen zusammen, nicht nur die mit Sonne, Mond und Sternen, auch fromme Welten, Welten, die wir uns selbst zurechtmachen.

Ich weiß gar nicht, ob uns das so lieb ist, daß er

kommt. Bedenken wir überhaupt, worauf wir uns da einlassen mit dem „Komm, Herr Jesus"? Oder ist es uns gar nicht so ernst damit? Vielleicht sagen wir besser: Warte nur, so eilt's nicht. Wir kommen schon noch zurecht. Oder wir sagen mit Dostojewskis Großinquisitor:

„Warum bist du denn überhaupt gekommen?
Störe uns wenigstens nicht vor der Zeit.
Geh weg und komm nicht mehr wieder ...
Komm überhaupt nicht mehr wieder!
Niemals, niemals!"

Komm, Herr Jesus! – Komm ja nicht wieder!

Das sind wir, das ist unser Glauben, unser Hoffen.

Hin und her geht der Ruf: Komm, Herr Jesus! – Komm ja nicht wieder! Dafür – dagegen, pro und contra. Manchmal eher: Komm! Manchmal eher: Komm ja nicht wieder. Beides ist in uns, dicht beieinander, der eine Ruf gegen den anderen. Das sind wir, das ist unsere Welt.

Sie denken vielleicht: „Jesus, komm ja nicht wieder!" Das gibt's doch nicht. Das hab' ich noch nie gehört. Wer sagt das denn schon? Wir nicht!

Vielleicht nicht so ausdrücklich, im Wortlaut, nicht in unserer offiziellen Sprache, nicht in kirchlichen Verlautbarungen. Aber wie wir leben, so vor uns hin, kann man's deutlich heraushören: Da singen wir: „Komm, o mein Heiland Jesu Christ ...", und in Wirklichkeit meinen wir: Bleib nur! Es hat noch Zeit. Bleib, wo du bist.

Fehlt etwas?

Wozu soll er kommen? Wir haben ja alles, wir haben ... voll die Kassen und Schränke, voll die Terminkalender, voll die Köpfe mit den neuesten Nachrichten und Trendmeldungen. Was brauchen wir mehr?

Wir haben ja alles. Worauf warten wir noch? Auf Christus? Der hat uns gerade noch gefehlt. Im Ernst: Haben Sie ihn je vermißt? Ist er jemals vorgekommen, in entscheidenden Fragen Ihres Lebens, geben Sie ihm da eine Chance? Fehlt Ihnen etwas, wenn er nicht kommt?

Wozu soll er kommen? Er kann ja nur stören: Unruhestifter, Störenfried! Welten brächen zusammen. Kein Stein bliebe auf dem anderen ...

Komm ja nicht wieder! Es läuft ja so ganz gut. Wir können nicht klagen.

Sie protestieren vielleicht: So gut läuft's nicht bei mir, weiß Gott nicht! Ich kenne Menschen, die klagen nicht nur übers Wetter oder übers Weihnachtsgeschäft, Menschen, die die Hoffnung aufgegeben haben, daß sich ihr Leben zum Besseren wendet, die nichts mehr erwarten, nichts von Menschen und nichts von Jesus. Komm ja nicht wieder! Du kannst mir gestohlen bleiben!

Manchmal treffe ich Menschen, die alles haben und sich doch – manchmal – nicht damit zufriedengeben, die weiterfragen – über das, was sie haben, hinaus ... die gespannt sind: Was haben wir (noch) zu erwarten, was steht uns bevor?

Manchmal begegne ich Menschen, die daheim noch Heimweh haben, die vom Brot allein nicht satt werden, die die Hoffnung nicht aufgeben, den zu finden, der sie begeistern kann, der die Langeweile tötet und den Betrieb entlarvt. Komm, Herr Jesus!

Manchmal treffe ich Menschen, die vom Leben nichts mehr zu erwarten haben – nur den Tod – und die doch noch etwas erwarten, die alles erwarten, nicht vom Tod, sondern von Christus. Komm, Herr Jesus!

Das ist unser Leben: Komm, Herr Jesus! Komm ja nicht wieder! Dafür – dagegen, pro und contra, dicht nebeneinander, das sind wir, das ist unsere Kirche.

Der Betrieb läuft

Vielleicht denken Sie: Jesus, komm ja nicht wieder – das aus dem Mund eines kirchlichen Amtsträgers? Das kann doch nicht wahr sein!

Die sprechen doch viel von Jesus, in den Gottesdiensten, im Gebet, in der theologischen Arbeit. Sein Name wird oft genannt. Ist er da? An Worten über ihn mangelt's nicht. Auch da haben wir alles: Voll die Regale mit Büchern, voll die Köpfe mit den neuesten Thesen der Theologie, was brauchen wir mehr? Es ist ja alles da. Nur er, ist er da in unserer Welt? Auch die Theologie kann ihn totreden, auch der Gottesdienst, auch die Predigt. Komm ja nicht wieder! Das könnte gefährlich werden. Unsere fromme Welt könnte aus den Fugen geraten. Jetzt haben wir das Sagen. Wenn er kommt – dann wird uns womöglich das Reden vergehen. Was dann geschieht, ist nicht vorauszuberechnen wie das Weihnachtsfest. Also, stör uns nicht! Komm ja nicht wieder!

Das gibt es, in der Kirche, in uns, die wir Kirche sind: Komm ja nicht wieder! Wir haben die Sache Jesu selbst in die Hand genommen. Wir werden allein damit fertig. Der Betrieb läuft auf Hochtouren. Wir verwalten das Erbe Christi. Wir vermitteln die Gnade. Wir kennen die Normen. Wir wissen, was Jesus wollte. Wissen wir ...?

So wie es dasteht, in der Bergpredigt, so kann er es doch nicht gemeint haben: „Wenn dich jemand auf die rechte Backe schlägt, dann halte ihm auch die andere hin" (Mt, 5, 39). Wo kommen wir da hin! So kann er's doch nicht gemeint haben, so wörtlich nicht. Das wissen wir ganz genau ...

Komm ja nicht wieder. Das könnte gefährlich werden. Es könnte ja sein, daß du es dir ganz anders gedacht hast, ganz anders denkst, als wir meinen. Komm ja nicht wieder!

Wartende

Manchmal, in einer ruhigen Stunde, frage ich mich: „Was erwartest du noch? Hast du Erwartungen an Jesus? Ich merke, wie meine kleine Welt an den eigenen vier Wänden endet und ich damit zufrieden bin, wenn es dort so läuft, wie es halt eben läuft. Ich frage mich: Ist das alles? Das kann doch nicht alles sein! Ich sehe die Bibel vor mir liegen, ein Buch voller Hoffnungen, voller Erwartungen, meinen eigenen Erwartungen unendlich weit voraus. Das Buch, das in den Ruf mündet: Komm, Herr Jesus! Ich spreche nach: Komm, Herr Jesus, zerbrich die Mauern meiner engen Welt!

Ich begegne Menschen, deren Erwartung nicht in ihrer eigenen Welt aufgeht und verdunstet; die lieber mit großen Hoffnungen hungern und dürsten, als sich mit Banalitäten vollaufen und begraben zu lassen; Menschen, die mehr erwarten als sich selbst, deren Erwartung nicht an den Grenzen unserer Zeit erlischt, die für unsere Zeit, für unsere Welt etwas erwarten; Menschen, die tatsächlich etwas von Jesus erwarten und daraufhin ihr Leben ändern, die sich von Jesus nicht nur etwas für sich erhoffen, sondern für andere, für die Welt; Menschen, die darauf warten, daß er die Tränen der Weinenden trocknen wird, die darauf warten, daß seine Herrschaft die Herrschaft der Herren und die Knechtschaft der Geknechteten beendet. Sie machen mir Mut. Mit ihnen rufe ich, gegen den Unglauben und die Hoffnungslosigkeiten in mir und um mich: Komm! Komm bald! Komm, Herr Jesus, komm!

In Sehnsucht suche ich dich ...

Ein seltsames Bild: Menschen auf einem Gerüst, hoch über der Stadt, in unbequemer Lage, riskant. So verschieden die zerfurchten Gesichter sind, eins verbindet sie: sie schauen gespannt, voll Erwartung, über die Stadt und über sich selbst hinaus, den Kopf nach vorn, die Nase im Wind (im Gegenwind!), mit großen Augen. Ist jemand in Sicht? Ist etwas in Sicht? Ist nichts in Sicht?

Es gibt eine Geschichte von zwei schiffbrüchigen Männern, die auf dem Ozean treiben. „Nichts in Sicht!" ist das immer wiederkehrende Wort. „Nichts in Sicht!" Aussichtslos – die Situation vieler Menschen. Nicht die Situation der Menschen auf unserem Bild! Sie schauen weit nach vorn, sie haben Aussicht, über sich selbst hinaus. Sie sind gespannt wie eine Sehne, sehnsüchtig.

Die Sehnsucht nach dem ganz Anderen

Sehnsucht: Dieses Wort hat es in sich. Es spricht ganz eigene Seiten in uns an, das Gemüt, das Herz. Die Sehnsucht gibt dem Herzen Tiefe, sagt Augustinus („desiderium sinus cordis").

Sehnsucht – man denkt zunächst, das Wort hat sicher etwas mit „Suchen" zu tun. Aber es

kommt nicht von „Suchen", sondern von „Sie-
chen". Ein Kranksein, eine Verwundung, die sich
in der Sehnsucht ausspricht. Ist das vielleicht
eine Grundbestimmung des Menschen, daß er
verletzt ist, eine offene Wunde trägt? Wie Jakob
nach dem Kampf mit dem Engel ...

Was für eine Wunde ist das, die sich in der
Sehnsucht offenbart? Krankt der Mensch an den
bestehenden Verhältnissen? In der Tat, viele lei-
den unter dem Unrecht in der Welt. Die Sehnsucht bricht auf, daß die Welt nicht so bleibe, wie
sie ist. „Die Sehnsucht nach dem ganz Anderen",
nach den Alternativen. Wer sehnt sich nicht da-
nach, daß Unrecht überwunden wird! Aber ob
die anderen Verhältnisse allein die Sehnsucht
des Menschen erfüllen? Zweifel sind angebracht.

In einer Umfrage hat man jüngst die Frage ge-
stellt: „Was ist Ihre tiefste Sehnsucht?" 88 Pro-
zent gaben zur Antwort: „Ich möchte Menschen
um mich haben, die ich lieben kann und die mich
lieben." Erfüllt sich diese Grundsehnsucht? Viele
sagen aus ihrer Erfahrung: Sie erfüllt sich nicht.
Oder: Wenn es Stunden gibt, in denen sie sich
erfüllt, dann bricht eine neue Sehnsucht auf,
noch stärker: daß die Erfüllung bleibe, daß sie
nicht vergehe. Alle Liebe will Ewigkeit.

Die offene Wunde Sehnsucht. Woher kommt
das nur? Augustinus, der wie kaum ein anderer
die Sehnsucht geliebt und gelebt hat, sagt: Das
ist so, weil die Sehnsucht Gottes den Menschen
zieht. Ein unerhörtes Wort: „Die Sehnsucht Gottes ist der Mensch." Gott steht wie der Vater im

Gleichnis oder wie eine Mutter an der Tür des Hauses und schaut sehnsüchtig aus nach dem Sohn, nach der Tochter in der Fremde. Von dieser Sehnsucht ist unser Herz getroffen, verwundet, unruhig, bis es in Gott zur Ruhe kommt.

Kaum zu glauben. Spürt man etwas davon? Lebt sich's nicht auch so ganz gut, ohne diese Sehnsucht? Vielleicht! Immer mehr Leute meinen das. Aber was wird aus dem Leben, wenn das gespannte Sehnen verlorengeht, wenn es sich an das erstbeste verliert und sich mit dem Nächstliegenden zufriedengibt? Streichen Sie das Sehnen in der Sehn-sucht durch: Der Rest ist Sucht. Die Krankheit, in die sich der Mensch verrennt, wenn die Leidenschaft seiner Sehnsucht ihn nicht mehr über sich selbst hinausführt, sondern sich in sich selbst verkehrt. „Die eigentliche Sünde zerstört nicht die Gnade, sondern löscht die Sehnsucht nach ihr", sagt Bernanos. Und am Ende heißt es dann: Nichts in Sicht, aussichtslos!

Zeuge der Sehnsucht

Die Menschen auf dem Bild haben Aussicht. Sie schauen weit nach vorn, über sich selbst hinaus, sehnsüchtig ausgespannt. Darum geht's: Ausschau halten nach Gott, ihn suchen, mit leidenschaftlicher Sehnsucht, nicht wie ein Aufpasser, der schaut, daß ja nichts passiert, sondern „wie die Wächter auf den Morgen …" (Ps 130,6 f.); nicht wie ein Wissender und Besitzender, sondern wie ein Bettler, der dem anderen sagt, wo etwas Gutes zu finden ist.

> „Steig auf einen hohen Berg,
> erheb deine Stimme, fürchte dich nicht!
> Sag den Städten in Juda:
> Seht, da ist euer Gott!" (Jes 40,9)

Das ist die Botschaft, die wir verkünden dürfen. Nicht nur durch unser Wort, sondern durch unser Leben: „Seht, da ist euer Gott!" Unter den Menschen, die denken: ,Gott? – Wir haben ja alles! Was brauchen wir mehr?', dürfen wir mit unserer Existenz wie ein Hinweis, ein Lebens-Zeichen sein, eine offene Frage: Das soll alles sein? Das kann doch nicht alles sein! Der Mensch ist zu groß, als daß er in sich selbst und in dem, was die Erde bietet, seine Erfüllung findet. In allem ist etwas zuwenig. Gott allein genügt!

Die Sehnsucht ist zu groß, als daß sie sich in anderen Menschen letztlich erfüllt, sie ist auf den ganz Anderen ausgespannt. Das Entscheidende kommt noch. Es ist noch längst nicht aller Tage Abend. Der Entscheidende ist im Kommen.

Wecke in ihnen die Sehnsucht ...

Bei Saint-Exupéry las ich diesen Satz: „Wenn du ein Schiff bauen willst, so trommle nicht Leute zusammen, um Holz zu beschaffen, Werkzeuge vorzubereiten, Aufgaben zu vergeben und die Arbeit einzuteilen, sondern wecke in ihnen die Sehnsucht nach dem weiten, endlosen Meer."

Sind wir nicht in der Kirche viel zu sehr damit beschäftigt, Werkzeuge vorzubereiten und die Arbeit zu organisieren? Nicht, daß das alles überflüssig sei. Aber wenn das alles ist? Wenn sich unser Tun darin erschöpft? Wenn die Sehnsucht in uns nicht mehr lebendig ist? Was bleibt dann noch? Das Gebet ist Einübung in die Sehnsucht, sagt Augustinus. Wie eine Sehne auf Gott hin ausgespannt – das ist das Spannende unserer Existenz. In dieser Spannung zu leben, das will uns die Adventszeit ins Bewußtsein rufen. Wir leben in Erwartung. Ist etwas in Sicht? Ist jemand in Sicht? Weihnachten gibt die Antwort.

Bereitet den Weg des Herrn

¹Es war im fünfzehnten Jahr der Regierung des Kaisers Tiberius; Pontius Pilatus war Statthalter von Judäa, Herodes Tetrarch von Galiläa, sein Bruder Philippus Tetrarch von Ituräa und Trachonitis, Lysanias Tetrarch von Abilene; ²Hohepriester waren Hannas und Kajaphas. Da erging in der Wüste das Wort Gottes an Johannes, den Sohn des Zacharias. ³Und er zog in die Gegend am Jordan und verkündigte dort überall Umkehr und Taufe zur Vergebung der Sünden. ⁴So erfüllte sich, was im Buch der Reden des Propheten Jesaja steht:

Eine Stimme ruft in der Wüste:
Bereitet dem Herrn den Weg!
Ebnet ihm die Straßen!
⁵Jede Schlucht soll aufgefüllt werden,
jeder Berg und Hügel sich senken.
Was krumm ist, soll gerade werden,
was uneben ist, soll zum ebenen Weg werden.
⁶Und alle Menschen werden das Heil sehen,
das von Gott kommt. (Lk 3,1–6)

Gib's auf!", das ist der Titel einer kleinen Erzählung von Franz Kafka:

„Es war sehr früh am Morgen, die Straßen rein und leer, ich ging zum Bahnhof. Als ich eine Turmuhr mit meiner Uhr verglich, sah ich, daß es schon viel später war, als ich geglaubt hatte, ich mußte mich sehr beeilen, der Schrecken über diese Entdeckung ließ mich im Wege unsicher werden, ich kannte mich in dieser Stadt noch nicht sehr gut aus, glücklicherweise war ein Schutzmann in der Nähe, ich lief zu ihm und fragte ihn atemlos nach dem Weg. Er lächelte und sagte: ‚Von mir willst du den Weg erfahren?' ‚Ja', sagte ich, ‚da ich ihn selbst nicht finden kann.' – ‚Gib's auf, gib's auf', sagte er und wandte sich mit einem großen Schwunge ab, so wie Leute, die mit ihrem Lachen allein sein wollen."

Menschen fragen nach dem Weg

Menschen fragen nach dem Weg. Sie sind unsicher geworden. Sie haben Angst, den Anschluß zu verpassen. Sie wissen nicht wohin. Keinen festen Weg unter den Füßen haben – das läßt die Knie wanken. Man kommt ins Flattern, rennt hin und her, gerät in Panik und außer Atem. Schließlich weiß man nicht mehr aus noch ein.

Menschen fragen nach dem Weg. Wie reagieren wir? „Von mir willst du den Weg erfahren?" – „Ja", sagen sie, „da wir ihn selbst nicht finden können ..."

Was antworten wir den jungen und älteren Leuten, die sich Mal um Mal bewerben und keinen Weg finden in ihrem Beruf? – Gib's auf!?

Was sagen wir denen, die festgefahren sind in ihrem Leben, sich in Sackgassen verrannt haben, an Nullpunkten oder Endstationen angekommen sind? – Gib's auf!?

Was antworten wir, wenn Leute sagen: „Hilfe

für die Dritte Welt, das bringt nichts. Das ist ein Faß ohne Boden. Gib's auf ..." Wenden wir uns „mit einem großen Schwunge ab ..."?

Wir haben viele Straßen gebaut: Geschäftsstraßen und Bankverbindungen (Prozessionswege des Geldes, der Selbstdarstellung und der vielbeschworenen Selbstverwirklichung); Autobahnen und Startbahnen: laut, schnell, ruhelos. Kennzeichen einer „mobilen Gesellschaft", in der man ständig in Eile ist, überholt und überholt wird. Geben sie den Suchenden Antwort auf die Frage nach dem Weg?

Ein neuer Anfang

Das Bild aus Bolivien kann uns die Augen öffnen: keine üppige Einkaufsstraße oder rasante Rennstrecke. Ein Pflasterer hockt da bei seiner Arbeit, fast ohne Mittel: eine abgenutzte Kelle, ein kleiner Hammer, ein paar Steine. Wir sind versucht zu sagen: Was bringt das denn? Gib's auf! Er hätte vielleicht allen Grund dazu. Er tut's nicht. Er ist ganz bei der Sache. Er fügt Stein an Stein, und allmählich bahnt sich ein Weg, in einer fast ausweglosen Situation. Ein Weg, der Menschen zusammenführt und sie miteinander verbindet. Ein Weg, der aus dem Nullpunkt herausführt. Ein neuer Anfang, wo alles drumherum nach Ende aussieht. Tote Steine fügen sich zu einem Weg, der Leben ermöglicht und Hoffnung schenkt.

Ungeahnte Wege

Leben ist wie das Schreiten auf einem Weg. Manchmal bleiben wir stehen, blicken zurück, schauen nach vorn. Sind wir auf dem richtigen Weg? Wir treffen auf Scheidewege. Wohin sollen wir gehen?

„Ich bin ein Sucher
eines Weges,
der breiter ist
als ich.
Nicht zu schmal.
Kein Ein-Mann-Weg.
Aber auch keine
staubige, tausendmal
überlaufene Bahn.
Ich bin ein Sucher
eines Weges.
Sucher eines Weges
für mehr
als mich."   (G. Kunert)

Sucher eines Weges, der nicht in den Geschäftsstraßen endet, der weiterführt als vor die eigene Tür und die des anderen. Ein Weg, der über uns selbst hinausführt und über alles, was die Welt uns bieten kann. „Die Welt ist eine Nummer zu klein geraten, um die unendliche Sehnsucht eines Menschen stillen zu können" (K. Tucholsky).

Sie bringt uns auf ungeahnte Wege: „Bereitet den Weg des Herrn." Da geht's nicht nur um unseren eigenen Weg, nicht nur um das, was wir

uns ausdenken und zuwege bringen, um mehr
als die Summe unserer Erfindungen und Leistungen. Gott hat sich auf den Weg gemacht. Er
ist uns entgegengekommen, so entgegenkom-
mend und zuvorkommend, wie er ist. Dafür
bürgt ein Name: Jesus Christus. Er ist der Weg.
Auf diesem Weg kommt Gott uns entgegen. Auf
diesem Weg können wir ihm begegnen. Er führt
uns in die Freiheit. Er eröffnet neue Möglichkeiten. Das dürfen wir anderen sagen und uns
selbst gesagt sein lassen: Du hast viel mehr Möglichkeiten, als du ahnst, ganz zu schweigen von
den ungeahnten Möglichkeiten Gottes mit dir.

Glaube mit Hand und Fuß ...

Wenn du nicht weiterkommst und auf der Stelle
trittst, wenn du dich verrannt hast oder am Nullpunkt angekommen bist – du brauchst nicht auf-
zugeben. Gott kommt dir entgegen. Entdecke
seine Wege zu dir und zu den anderen. Du
kannst ihm den Weg bereiten. Du kannst Steine
des Anstoßes aus dem Weg räumen. Du kannst
Berge von Vorurteilen abtragen und Täler der
Not überwinden helfen. Du kannst einen Weg in
die Wüste bauen (wie der Pflasterer aus Bolivien
auf dem Bild). Die Welt wird nicht dadurch besser, daß wir sie auf den Kopf stellen und Aus-
weglosigkeiten breittreten, sondern daß wir
gangbare Wege eröffnen.

"Bereitet den Weg des Herrn!" Wer sich darauf
einläßt, der hat alle Hände voll zu tun. Er wird

dem Kommen Gottes in seinem alltäglichen Leben den Weg bereiten, mit allen Mitteln, die ihm zur Verfügung stehen. So bekommt der Glaube Hand und Fuß. Mitten in der Wüste blitzen Signale der Hoffnung auf. Die Welt bleibt nicht so, wie sie ist, neue Möglichkeiten werden sichtbar.

Der Weg des Herrn führt nicht in die Wolken, aber er führt über uns selbst hinaus zu den anderen. Er führt über den eigenen Kirchturm hinaus, er führt über das Wasser, über den Ozean, zum Beispiel nach Bolivien, nach Brasilien. Er verbindet Europa mit Lateinamerika. Er verbindet Menschen miteinander. Er führt uns ins Freie, in die Freiheit. „Bereitet den Weg des Herrn!"

Empfangen durch den Heiligen Geist, geboren von der Jungfrau Maria

Weihnachten – Jesus Christus ist die Mitte dieses Festes. Von ihm bezeugen wir im Gloria: „Du allein bist der Heilige, du allein der Herr, du allein der Höchste ..." Mit ihm ist Maria untrennbar verbunden. Sie ist die Mutter des Herrn. Ohne sie könnten wir nicht Weihnachten feiern: Jesus Christus ist „empfangen durch den Heiligen Geist, geboren von der Jungfrau Maria". Durch Jesus gehört die Jungfrau Maria in das Glaubensbekenntnis der Christen. Sie hat ihn zur Welt gebracht. Sie weist uns auf ihn hin. Wenn wir auf sie hören und von ihr sprechen, werden wir immer von ihm zu sprechen haben, auch und gerade in dem weihnachtlichen Glaubenssatz, den wir bedenken wollen: „Empfangen durch den Heiligen Geist, geboren von der Jungfrau Maria."

Empfangen durch den Heiligen Geist

Wenn sich in einer Familie Nachwuchs anmeldet, dann sagen wir: Die Eltern erwarten ein Kind. Eigenartig, unser Sprachgebrauch. Wir sagen nicht: sie machen das Kind (so redet man allenfalls im Straßenjargon), wir sagen: sie erwarten es. Wir spüren wohl: Ein Kind kann man letztlich nicht machen, man kann es „nur" empfangen, als

Geschenk, als ein Geschenk des Himmels; so wie man ja auch die Liebe nicht machen kann. Sie schenkt sich uns, wie ein Wunder.

Und wenn wir nun auf Jesus Christus schauen? Menschen, die ihm begegneten, haben erfahren, was in seiner Auferstehung und Geistsendung vollends offenbar wurde: Er ist das Gottesgeschenk schlechthin. In seinem Leben, in seinem Sprechen und Tun zeigt sich, wes Geistes Kind er ist. Er ist von Geburt her und im Ganzen seines Daseins durch und durch vom Heiligen Geist: „Empfangen durch den Heiligen Geist." In ihm ist Gott selbst da, in Person. Nicht Josef hat das gemacht, auch nicht Maria. Er ist Gottes, nicht der Menschen Sohn.

Maria ist dadurch groß, daß sie für Gottes Geist ganz empfänglich war. „Mir geschehe nach deinem Wort", sagt sie, und so geschieht es ihr. So hat sie Gottes Sohn zur Welt gebracht. Sie ist die Urgestalt aller glaubend Empfänglichen, das Urbild der Kirche. Daß wir Christen sind, ist nicht unser Werk, es ist empfangen durch den Heiligen Geist. Selig sind die Empfänglichen.

Geboren von der Jungfrau Maria

Jesus ist wirklich geboren, in unserer Welt, nicht scheinbar, sondern tatsächlich. Er ist keine göttliche Idee, menschlich verkleidet. Er ist in Fleisch und Blut eingegangen, er hat Hand und Fuß. Das meint „Inkarnation": Fleischwerdung. Jesus ist in unsere Welt gekommen, dorthin, wo wir sind, dorthin, wo Schafställe und Futterkrippen stehen, dorthin, wo Menschen hungern und frieren, einsam sind und ausgestoßen, dorthin, wo Sünder und Sünderinnen leben, Aussätzige und verlorene Söhne, dorthin, wo man Gerechte verhöhnt und kreuzigt. In diese unsere Welt ist er geboren. Er hat den Erweis seiner Göttlichkeit nicht dadurch erbracht, daß er von oben herab alles regelt, sondern so, daß er auch dem Ärmsten noch Bruder wird und seine Last teilt. Unsere Welt ist seine Welt. Aber er geht nicht auf in unserer Welt.

Bei einem Kind sagt man oft: „Ganz der Vater, ganz die Mutter ..." Jesus ist nicht einfach aus seinem Stammbaum abzuleiten. Manche denken, er sei ein Genie. Aber er ist mehr, viel mehr. Mit ihm setzt eine neue Geschichte ein, mitten in der alten. Er ist mehr, als Menschen aus sich heraus können. Es gibt nichts, nichts in der menschlichen Potenz, das ihn hervorbringen könnte. Er ist einmalig, von Gott.

Die Jungfrauengeburt ist ein leibhaftiges Zeichen dafür. Mitten in unserer Welt, im Schoß der Jungfrau Maria, beginnt eine neue Welt. Jesus ist unvergleichlich, allen unseren Möglichkeiten voraus. Je länger ich ihn mit anderen vergleiche, desto klarer weiß und glaube ich: Er ist einmalig und nicht zu ersetzen. Ohne ihn sähe mein Leben anders aus. Um nichts in der Welt möchte ich auf ihn verzichten. Wie gut, daß es ihn gibt! Ich vergleiche ihn mit den vielen, die selbst Heiland sein wollen und sich zum Retter anderer ernennen – und doch nur hilflose Helfer sind. Wie gut, daß er allein der Heiland und Messias ist, mein Herr und mein Gott! Der Glaube an ihn bewahrt vor Selbstüberschätzung und Selbstüberforderung. Er läßt – wir sehen es an Maria – empfänglich und fruchtbar werden.

Inkarnation statt Reinkarnation

Viele Menschen sehnen sich nach einem anderen Leben. Sie möchten in einem nächsten Leben das schaffen, was ihnen in diesem Leben versagt oder verbaut geblieben ist. Sie setzen auf die Wiedergeburt: Reinkarnation.

Wer an die Inkarnation Gottes in Jesus Christus glaubt, wird der Reinkarnation mit Entschiedenheit widersprechen. Die Geburt, die wir feiern, liegt nicht in ferner Zukunft, sie ist ein für allemal geschehen in unserer Geschichte: Jesus Christus ist einmalig und unwiederholbar. Durch ihn ist auch für uns ein neuer Anfang möglich, nicht später, sondern hier und jetzt, nicht weltflüchtig, esoterisch, sondern leibhaftig, nicht als unser Werk, sondern empfangen durch den Heiligen Geist. Wenn wir uns wie Maria auf ihn einlassen, dann wird man auch heute merken, wes Geistes Kind wir sind. Dann werden wir mit Jesus guter Hoffnung sein. Lassen Sie uns den guten Hoffnungen mehr trauen als den schlechten Erfahrungen.

II

Gott kommt in unsere Welt

Auf, preiset die Tage ...

Jauchzet, frohlocket! Auf, preiset die Tage!
Rühmet, was heute der Höchste getan!
Lasset das Zagen, verbannet die Klage,
stimmet voll Jauchzen und Fröhlichkeit an.
Dienet dem Höchsten mit herrlichen Chören!
Laßt uns den Namen des Herrschers verehren!

(Weihnachtsoratorium von J. S. Bach)

Haben Sie das schon einmal bedacht? Es gibt keine Zeit im ganzen Jahr, in der so viel gesungen wird wie zu Weihnachten. Der Chor singt hier im Dom; aber nicht nur der Chor, wir alle singen mit; nicht nur hier im Dom, sondern auch zu Hause, überall, wo Weihnachten gefeiert wird. Die Kleinen tun ihren Mund auf und versuchen's schon mal mit dem, was sie im Kindergarten gelernt haben. Sie singen mit den Eltern und Großeltern. Die gerade den Stimmbruch hinter sich haben, stehen vielleicht etwas abseits, skeptisch, um schließlich doch zu merken, daß man nicht nur vom Protest leben kann. – Wir singen. Und das ist wohl etwas vom Besten, was wir zu Weihnachten tun können. Das Lied steht am Ursprung von Weihnachten. „Jauchzet, frohlokket! Auf, preiset die Tage ..." So setzt der Chor in Bachs Weihnachtsoratorium ein. „Auf, preiset die Tage ..."

Ergriffen

Ich will hier nicht versuchen, Weihnachten zu erklären, plausibel zu machen. Als sei es Aufgabe der Verkündigung, Gottes Geheimnis zu enträtseln, es in die durchleuchteten, geheimnislosen Daten unserer Welt einzuebnen, von denen Nachrichten und Magazine leben, die oftmals kaum noch über platte Fakten hinaus denken können. Es ist zuerst und zuletzt unsere Aufgabe, Gottes Wunder als Wunder zu bewahren, Gottes Geheimnis gerade als Geheimnis zu empfangen, zu schützen und zu preisen: „Auf, preiset die Tage ...“

Wer hat unserer Zeit nur weisgemacht, alles sei zu begreifen und zu erklären, und schließlich: das Erklärte sei alles, alles andere zähle nicht, sei nicht ganz ernst zu nehmen. Bei allem Respekt vor dem Erklärten – das kann doch nicht alles sein! Vieles in unserem Leben ist nicht zu begreifen, ist „unbegreiflich“.

Da sagt ein Mensch zum anderen: Du, ich liebe dich! Erklären Sie das. Das ist nicht zu erklären, das ist nicht zu begreifen, davon kann man sich nur ergreifen lassen, und dann ist man ergriffen. Wenn das geschieht, wird ein Fest gefeiert, und wir singen. Und das ist das Beste, was wir da tun können, daß wir eigentlich gar nichts mehr tun, sondern einfach feiern und uns freuen, daß es so etwas gibt, daß es das Geheimnis der Liebe gibt.

Und wenn Gott sagt: Du, Mensch, ich liebe

dich. Sollen wir das erklären? Ich sage in aller Offenheit: Das kann ich nicht erklären; nicht in der elenden Verlegenheit, die vor den Skeptikern die Waffen streckt und vor den allzu Aufgeklärten in die Knie geht, sondern ich bekenne das im Wissen um die Unverfügbarkeit der Liebe Gottes. Sie allein verdient es, daß wir vor ihr in die Knie gehen. Wie in aller Welt sollen wir das erklären, daß Gott uns liebt? Das ist unbegreiflich. Davon kann man sich nur ergreifen lassen. Wo das geschieht, da feiern wir ein Fest und singen. „Auf, preiset die Tage! Rühmet, was heute der Höchste getan ..."

Der Grundakkord

Das älteste Weihnachtslied, das für alle Zeit den Grundakkord von Weihnachten angibt, stammt nicht von Menschen. Nach der Überlieferung des Lukas haben Engel das Evangelium der Heiligen Nacht gesungen. Engel? Ist das ernst zu nehmen? Es scheint nicht schwer, das Ganze lächerlich zu machen. Aber wenn man dann tatsächlich einmal die Engel singen hört ... Da können einem schon die Ohren aufgehen. Das kennen wir doch. Jeder von uns weiß, was das heißt. Und viele haben es erlebt: Situationen, in denen sie die Engel singen hörten. Situationen an der Grenze. Allerdings: das ist Weihnachten, eine Situation an der Grenze, eine Botschaft, die nicht aus uns kommt, sondern zu uns, von jenseits unser selbst. Das Lied der Engel – ein Lied, das nicht wir erdacht haben: „Heute ist euch der Heiland geboren ..." Heute – euch – der Heiland. Ein Geschenk des Himmels! In der Tat: Das Geschenk des Himmels.

Das will uns dieses ursprüngliche Weihnachtslied sagen: Ihr, die ihr alles selbst machen wollt, die ihr schließlich in eurer eigenen Leistung das Heil sucht und euch dabei heillos verrennt – das Heil könnt ihr euch nicht machen. Den Heiland könnt ihr euch nicht machen. Ihr braucht es auch nicht, er ist euch geschenkt. „Heute ist euch der Heiland geboren." Heiland – dazu hat ihn letztlich auch Maria nicht gemacht. Es gibt nichts auf der Welt, das ihn machen könnte. Er kommt nicht aus uns, sondern zu uns. Wir verdanken ihn Gott. Geschenk des Himmels! Diese Botschaft braucht keinen Vergleich mit den Erzählungen anderer Religionen zu scheuen. Weil sie trägt, darum feiern wir Weihnachten. Darum singen wir. Das ist der Grundakkord unserer Weihnachtslieder.

Wer gibt den Ton an?

Findet dieser Grundakkord ein Echo in unserer Lebensmelodie? Oder geben da ganz andere Mächte den Ton an? Erkennen wir, wer uns dirigiert und wohin er uns führt, in welche Richtung unsere Entwicklung geht und die unserer Gesellschaft? Man sagt, die Dinosaurier seien ausgestorben, weil sie sich in eine falsche Richtung entwickelt haben – zu viel Panzer, zu wenig

Hirn. Wie dem auch sei: Befinden wir uns nicht insgesamt in der Welt in einer gefährlichen Fehlentwicklung? Ist es nicht erschreckend, daß der größte Teil menschlicher Intelligenz (des Hirns) in den Panzer investiert wird? Dabei geht es nicht nur um die Rüstung. Ist es nicht überhaupt so, daß wir einen dicken Panzer technischen Könnens und allzu aufgeklärten Wissens haben, aber wenig Seele? Eine dicke Decke von allen möglichen Dingen, aber ein verkümmertes Herz? Kann da das Weihnachtslied noch durch? Erreicht es uns noch im Innersten, oder sind wir schalldicht abgeschirmt?

Was bewegt uns? Wer bewegt uns, wohin? Wer gibt den Ton an für die Melodie meines Lebens? Gibt es so etwas wie einen Notenschlüssel? Ist Christus dieser Notenschlüssel für meine Lebensmelodie? Oder ist da ein Kunterbunt von Noten (ohne Schlüssel), das dahinplätschert oder dahintreibt – wer weiß wohin? Ist das ein Leben? Das kann's doch nicht sein.

Es sind noch Lieder zu singen

Spüren Sie, das Weihnachtslied lullt uns nicht ein in irgendwelche Sphärenklänge, es stellt uns Fragen, letzte Fragen, Fragen an der Grenze, dort, wo man die Engel singen hört.

Auch diese Frage: Können wir hier Weihnachtslieder singen, während andere schreien, laut schreien vor Schmerz? Ist das nicht ein Hohn, da zu singen? – Die Frage steht. Keine

Antwort kann sie zum Schweigen bringen. Dies sei gesagt: Der uns hier singen läßt, kennt das Schreien, von der Krippe bis zum Kreuz. Sein Lied entführt uns nicht in höhere Regionen, es hält uns dicht am Boden (wo die Hirten lagern). Es schärft unser Ohr für die Schreie der Not nebenan und in der weiten Welt.

Es erstickt nicht in diesen Schreien, es nimmt sie auf und dringt durch sie hindurch, weil ER durch die Schreie des Lebens und des Todes hindurchgegangen ist. Darum sind noch Lieder zu singen jenseits des Todes. Darum dürfen wir nicht aufhören, unser Lied zu singen. „Jauchzet, frohlocket! Auf, preiset die Tage …"

Ein Kind ist uns geboren

¹*Das Volk, das im Dunkel lebt, sieht ein helles Licht; über denen, die im Land der Finsternis wohnen, strahlt ein Licht auf.*

²*Du erregst lauten Jubel und schenkst große Freude. Man freut sich in deiner Nähe, wie man sich freut bei der Ernte, wie man jubelt, wenn Beute verteilt wird.*

³*Denn wie am Tag von Midian zerbrichst du das drükkende Joch, das Tragholz auf unserer Schulter und den Stock des Treibers.*

⁴*Jeder Stiefel, der dröhnend daherstampft, jeder Mantel, der mit Blut befleckt ist, wird verbrannt, wird ein Fraß des Feuers.*

⁵*Denn uns ist ein Kind geboren, ein Sohn ist uns geschenkt. Die Herrschaft liegt auf seiner Schulter; man nennt ihn: Wunderbarer Ratgeber, Starker Gott, Vater in Ewigkeit, Fürst des Friedens.*

⁶*Seine Herrschaft ist groß, und der Friede hat kein Ende. Auf dem Thron Davids herrscht er über sein Reich; er festigt und stützt es durch Recht und Gerechtigkeit, jetzt und für alle Zeiten. Der leidenschaftliche Eifer des Herrn der Heere wird das vollbringen.* (Jes 9,1–6)

Das Zeichen

Ein Kind ist unterwegs, und es kommt zur Welt. Das verändert alles. Wirklich? Was soll ein Kind schon verändern? Den Lebensrhythmus der Eltern, klar. Aber sonst? Es kann noch nicht mitreden, es fällt kaum ins Gewicht. Es ist klein und wehrlos, angewiesen auf Liebe und Zuneigung. Es ist einfach da, ganz ursprünglich, wirklich entwaffnend; so daß wir dastehen und sagen: „Mensch, schau dir das an, daß es das gibt. Wunderbar!" Das Leben bekommt ein neues Gesicht.

Ein Kind ist unterwegs, und es kommt zur Welt, das verändert alles. Darum feiern wir Weihnachten: „Das soll euch als Zeichen dienen: Ihr werdet ein Kind finden, das, in Windeln gewickelt, in einer Krippe liegt" (Lk 2,12).

Ein Kind wird zum Zeichen. Diese Ursprungserzählung des Christentums steht nicht im Zeichen des starken Mannes, der endlich freie Bahn schafft, sondern im Zeichen eines wehrlosen Kindes. Das verändert alles.

Was denn? Daß wir in diesen Tagen vorübergehend in Kindheitserinnerungen leben und vom „Heiland" sprechen, vom „Messias", vom „Frieden auf Erden"? Das sind große Worte, aber „die Verhältnisse, die sind nicht so". Oder? Hat sich was getan von Weihnachten her? Unterm Strich: Was bringt's? Was ändert sich denn?

Die Herrschaft des Kindes

Das hat sich schon Jesaja gefragt, der große Prophet. Er macht sich nichts vor; er weiß, wie es aussieht: finster! Die Assyrer sind im Land. Blutige, zerfetzte Soldatenmäntel, das Gedröhn der Stiefel und Waffen bei den Aufmärschen, und daß einer den anderen treibt: die Einpeitscher.

Niemand muß uns diese Bilder erklären. Sie sprechen für sich. Das ist die Wirklichkeit. Die soll anders werden: „Über denen, die im Land der Finsternis wohnen, strahlt ein Licht auf" (9,1).

Das Joch wird zerbrochen, der Stock des Treibers geht in Stücke. Das sieht Jesaja kommen, wie in einer Vision. Die Freude ist groß, man kann sich's denken. Wer würde sich da nicht mitfreuen! Die Wende hat ja ihren ganz realen Grund in der Geburt eines Kindes:

„Denn uns ist ein Kind geboren, ein Sohn ist uns geschenkt. Die Herrschaft liegt auf seiner Schulter; man nennt ihn: Wunderbarer Ratgeber, Starker Gott, Vater in Ewigkeit, Fürst des Friedens. Seine Herrschaft ist groß, und der Friede hat kein Ende" (9,5 f.).

Ein Kind läßt hoffen. Ein Königskind? Die Herrschaft ruht auf seinen Schultern, auf den Schultern des Kindes. Ein Kind soll an die Regierung kommen? Vielleicht denken Sie: Jetzt reicht's. Da wird Glaube mit Politik vermischt, und Politik ist keine Kinderei.

Wen immer Jesaja damit zunächst im Auge gehabt hat, an Weihnachten mündet diese alte Hoffnung in einen neuen Namen: Jesus von Nazaret! Er ist *der* Hoffnungsträger der Menschheit. Vielleicht kennen Sie Bilder, die das Jesuskind mit der Weltkugel in den Händen darstellen. Oder Sie haben die „Drei Könige aus dem Morgenland" vor Augen, die am Ziel ihres Weges ihre Kronen abnehmen und sie vor dem Kind in der Krippe niederlegen.

Eine neue Art von Herrschaft kommt in Betlehem zur Welt. Mit diesem Kind fängt grundsätzlich Neues an. Gott regiert nicht mit eisernem Zepter von oben herab, unnahbar. Er ist ganz dicht an der Seite der Menschen, er lebt mitten unter uns. Das ist riskant, lebensgefährlich. Er zerbricht den Stock des Treibers, indem er sich vor Pilatus den Rohrstock in die gefesselten Hände stecken läßt. Den Soldatenmantel vernichtet er, indem er ihn sich zum Spott umhängen läßt und mit seinem eigenen Blut tränkt. Das Joch zerbricht er, indem er das Kreuz auf seine Schultern nimmt.

Man kann nicht vom Kind in Betlehem sprechen, ohne zu bedenken, welchen Weg Jesus gegangen ist. Er ist sich treu geblieben, entwaffnend in seiner Wehrlosigkeit. So gesehen ist er im Grunde seines Herzens Kind geblieben.

Einfach entwaffnend ...

Die Weltherrschaft auf den Schultern eines Kindes – ein Herrschaftswechsel. Da löst nicht nur einer den anderen ab im Karussell des üblichen Machtspiels, die Herrschaft selbst bekommt ein neues Gesicht. Ist das nur ein Traum?

Wie soll man die Ereignisse im Osten verstehen, deuten? Wer hätte das gedacht? Unglaublich, wie ein Wunder! Man sieht's, wie das drückende Joch zerbrochen wird und der Stock des Treibers. Der blutige Militärmantel wird ein Fraß des Feuers (vgl. 9,3 f.).

44

Und das ohne Gewalt. Man muß das miterleben, eine Revolution ohne Panzer und Maschinengewehre. Menschen, die auf die Straßen gehen und Kerzen in den Händen tragen, einfach entwaffnend. Das macht Geschichte. Da fällt die Mauer.

Jeder weiß, es gibt anderes. Es gibt nicht nur Leipzig und Dresden, nicht nur Moskau und Warschau, nicht nur Prag und Budapest, es gibt Bukarest und Peking. Eltern halten den anstürmenden Soldaten ihre Kinder entgegen, und sie werden niedergeschossen in diesen Tagen, zu Weihnachten. Das ist unsere Welt.

Und doch, es gibt eben auch Leipzig und Dresden. Die sollen hier nicht fromm vereinnahmt werden, schon gar nicht nach dem jetzt üblichen: ‚Wir haben es ja immer gewußt.' Was haben wir denn gewußt? Und wer weiß, wie die Entwicklung weitergeht! Aber wir sollten das Zeichen sehen, einfach entwaffnend, wie ein Kind. Die Gewaltlosigkeit ist möglich, sie ist keine Spinnerei, sie kann Geschichte machen. Die Gewaltlosen können stärker sein als die Gewalttätigen. Fast hätten wir es nicht mehr zu hoffen gewagt. Wer's jetzt neu erlebt, wird es so leicht nicht mehr vergessen. Es kann ihm zur inneren Gewißheit werden, im Namen des Kindes, auf dessen Schultern die Weltherrschaft ruht.

Gott braucht keine Treiber

Ein Kind ist unterwegs. Das verändert alles. Auch uns? Wie reagieren wir auf die Veränderungen in der Welt? Sind wir nur an neuen, prickelnden Nachrichten interessiert? Oder sind wir selbst mit dabei, tragen wir die hoffnungsvollen Aufbrüche mit all unseren Möglichkeiten mit? Sind wir wach für die aufgehende Sonne? Werden wir unsere Türen öffnen, Wohnraum teilen, Besitz teilen, Zeit teilen? Nicht nur in der ersten Begeisterung, sondern morgen und übermorgen, wenn es wieder alltäglich zugeht!

Die Veränderungen in der Welt werden nur dann Bestand haben, wenn sie uns selbst erfassen, wenn wir uns selbst davon erfassen lassen. Der Stock des Treibers, der zerbrochen werden soll, sitzt auch in uns: immer mehr, immer besser, immer schneller, koste es, was es wolle. Ideologien brauchen den Treiber, Programme brauchen den Treiber, Systeme brauchen den Treiber, den Einpeitscher. Nur Gott braucht den Treiber nicht. Er ist nicht ein Programm geworden, nicht eine Idee, nicht ein System irgendwo in der Ferne, nein, er ist Mensch geworden ganz dicht bei uns. Verletzlich wie ein Kind, ein Kind, das uns anrührt, uns ans Herz geht und unsere besten Kräfte lockt: „Mensch, du hast ungeahnte Möglichkeiten, ganz zu schweigen von den Möglichkeiten Gottes mit dir." Wo das Kind in der Krippe an die Regierung kommt, da zerbricht der Stecken des Treibers.

Kinder erwarten den Heiland. Und er kommt tatsächlich und steht vor ihnen mit offenen Händen. Ein Kind ruft: „Guckt mal, die Hände sind ja leer." – „Ist doch klar", meint ein anderes, „unser Vater sagt immer, der Glaube bringt nichts ..." Darauf das dritte Kind: „Er bringt sich selbst."

Er bringt sich selbst, wenn wir ihn nur einlassen.

Gott kommt in unsere Welt

¹*In jenen Tagen erließ Kaiser Augustus den Befehl, alle Bewohner des Reiches in Steuerlisten einzutragen.* ²*Dies geschah zum erstenmal; damals war Quirinius Statthalter von Syrien.* ³*Da ging jeder in seine Stadt, um sich eintragen zu lassen.*

⁴*So zog auch Josef von der Stadt Nazaret in Galiläa hinauf nach Judäa in die Stadt Davids, die Betlehem heißt; denn er war aus dem Haus und Geschlecht Davids.* ⁵*Er wollte sich eintragen lassen mit Maria, seiner Verlobten, die ein Kind erwartete.* ⁶*Als sie dort waren, kam für Maria die Zeit ihrer Niederkunft,* ⁷*und sie gebar ihren Sohn, den Erstgeborenen. Sie wickelte ihn in Windeln und legte ihn in eine Krippe, weil in der Herberge kein Platz für sie war.*

⁸*In jener Gegend lagerten Hirten auf freiem Feld und hielten Nachtwache bei ihrer Herde.* ⁹*Da trat der Engel des Herrn zu ihnen, und der Glanz des Herrn umstrahlte sie. Sie fürchteten sich sehr,* ¹⁰*der Engel aber sagte zu ihnen: Fürchtet euch nicht, denn ich verkünde euch eine große Freude, die dem ganzen Volk zuteil werden soll:* ¹¹*Heute ist euch in der Stadt Davids der Retter geboren; er ist der Messias, der Herr.* ¹²*Und das soll euch als Zeichen dienen: Ihr werdet ein Kind finden, das, in Windeln gewickelt, in einer Krippe liegt.* ¹³*Und plötzlich war bei dem Engel ein großes himmlisches Heer, das Gott lobte und sprach:*

¹⁴*Verherrlicht ist Gott in der Höhe,*
und auf Erden ist Friede
bei den Menschen seiner Gnade. (Lk 2,1–14)

Irdische Geburt

Die lukanische Geburtsgeschichte stürzt unsere gewohnten Weihnachtsvorstellungen um. Sie beginnt provozierend irdisch, ohne jede himmlische Verklärung. „Es geschah in jenen Tagen, daß vom Kaiser Augustus eine Verordnung ausging ..." Augustus und Quirinius geben hier den Ton an. Es geht um die Welt, in der sie regieren und Geld eintreiben. Sie verfügen, Josef und Maria fügen sich ihrem Befehl und wandern nach Betlehem. Sie machen mit als kleine Leute ohne Privilegien und Beziehungen in dem großen Apparat des römischen Weltreiches. Der Text erwähnt mit keinem Wort, daß sie um den wahren Sinn ihrer Wanderung wissen. Sie tun, was die anderen tun. Sie lassen sich registrieren. Sie gehorchen dem Kaiser und seinem Statthalter.

Am Ziel ihrer Reise angekommen, bringt Maria ihren Sohn zur Welt – in diese Welt! Das Ereignis wird ohne besondere Betonung erwähnt, fast beiläufig. Es geschieht nichts Außergewöhnliches. Kein Engel hütet die Krippe, keine übernatürliche Stimme wird laut. Maria wickelt das Kind in Windeln, wie jede Mutter es tut. Das ist alles. Man erwartet Engel und himmlischen Glanz und findet Staatsgewalt, Steuereintreibung, Reise, Geburt und Windeln – Alltäglichkeiten in unserer Welt. Gott wird mit keinem Wort erwähnt. Er scheint abwesend zu sein. Das einzig Auffallende in dem ganzen Geschehen ist dies: Der neugeborene Knabe wird in eine Futterkrippe gelegt. Dieser ungewöhnliche Vorgang, der mit dem Platzmangel in der Herberge begründet wird, erklärt zunächst nichts. Er regt zur Frage an, was es wohl mit dem Kinde auf sich hat.

Himmlische Proklamation

Das Geheimnis des Neugeborenen wird nicht von den Menschen selbst entdeckt, etwa aufgrund irgendwelcher wunderbarer Merkmale. Nicht einmal die Eltern hätten es von sich aus erkannt. Es wäre verborgen geblieben, hätte Gott nicht gesprochen. Sein Wort ist Mitte und Höhepunkt der Erzählung.

Es ergeht an Hirten, an Leute, die nichts gelten und keinen guten Ruf genießen, die sozial und religiös deklassiert sind. Die hier Genannten werden durch nichts hervorgehoben. Sie tun, was alle Hirten tun: Sie sorgen für ihr Vieh, sie wachen bei ihrer Herde. Nichts weist darauf hin, daß sie für eine Begegnung mit Gott besonders geeignet oder vorbereitet wären. Sie sind Letzte, die Erste werden. Der Heiland der Armen und Sünder ist geboren.

Mitten in ihrer alltäglichen, sehr irdischen Arbeit (auf dem Felde!) werden sie von der Herrlichkeit Gottes umstrahlt. Wie sollten sie nicht in große Furcht geraten, da sie so unmittelbar von seiner Gegenwart getroffen sind! Wie sollten sie sich nicht entsetzen, da sie mit ihren Erwartungen und Möglichkeiten am Ende sind und ihnen eine neue Welt aufgeht. Weihnachten ist ohne dieses tiefe Erschrecken nicht zu verstehen. Denen, die von großer Furcht befallen sind, verkündet der Bote Gottes die große Freude. Worte reichen nicht aus, sie zu beschreiben. Es ist die große Freude der Heilszeit. Alle Linien der Erzählung laufen in dieser frohen Botschaft zusammen. Sie kommt nicht vom Menschen, sondern zu ihm. Sie ist nicht von ihm erfunden, sondern empfangen. Gott selbst meldet sich in ihr zu Wort und erschließt, was geschehen ist, in machtvoller Proklamation.

Jedes Wort ist hier wichtig. „Euch", so lautet die Anrede. Sie meint nicht nur die Hirten, sondern „alles Volk". Das verheißene Heil ist da, es ist in Jesus zum „Heute" geworden. Man darf statt dessen nicht einfach „damals" sagen. Wo das Evangelium verkündet wird, da ist „heute", das „Heute" der Ankunft des Herrn. Gott ruft den Neugeborenen aus als den verheißenen Messias („in der Stadt Davids"), den Retter und Herrn, und offenbart damit, daß er selbst in ihm zu uns gekommen ist.

Die Botschaft des Engels weitet sich zum Hymnus der himmlischen Heerscharen. Er verkündet nach Art einer messianischen Akklamation, was jetzt in der Geburt des Messias geschieht: „Herrlichkeit Gott in der Höhe, und auf Erden Friede ..." In Jesus kommen Herrlichkeit Gottes und Friede auf Erden zur Einheit; er verbindet Himmel und Erde. Mit ihm bricht die Herrlichkeit Gottes in die Welt ein und bringt den Menschen Heil. Das verdanken sie nicht dem eigenen guten Willen, sondern dem Wohlgefallen Gottes, seiner freien Erwählung.

Das Zeichen

Der Königsproklamation (2,11) folgt ein Hinweis auf das Zeichen. Die Hirten und alle Hörer der frohen Botschaft werden an das Kind in der Krippe verwiesen.

Damit ist der Bogen vom zweiten zum ersten Teil der Erzählung geschlagen – ein spannungsreicher Bogen. Gott, der in dem ganz und gar profanen Geschehen (2,1–7) zu schweigen schien, bringt dessen wahre Bedeutung ans Licht. Er weist auf das Zeichen hin, das ohne ihn übersehen wäre. Unter seinem Wort beginnen die Ereignisse neu zu reden. Im Hören auf sein Wort gehen die Augen auf, das zu sehen, was zu sehen ist. Freilich: Wort und bezeichnete Wirklichkeit scheinen sich zu widersprechen: hier die Königsproklamation – dort die Krippe; hier der Retter und Herr – dort das Windelkind. Wer soll das miteinander vereinen? Allein der Glaubende kann einen Zusammenhang finden. Er sieht, daß hier das paradoxe Geheimnis der Erniedrigung, der Selbstentäußerung Gottes in die Knechtsgestalt hinein (vgl. Phil 2,5–11) beginnt, sein Weg in unsere Welt, der am Kreuz endet. Der wirkliche Gott ist wirklicher Mensch, in Windeln gewickelt (zweimal wird das gesagt, damit es niemand überhört), nicht ein Wunderkind, sondern ein Erdenkind. Er legt nicht vorübergehend eine irdische Hülle an, er stellt sich ganz auf unsere Seite, so unscheinbar und profan, daß man ihn übersehen und verkennen kann, daß man ihn allein im Hören auf die Offenbarung des Himmels wahrnimmt und die Geschehnisse um seine Geburt recht versteht.

Die Herrschaft Gottes

Es zeigt sich dann, wer der Herr dieser Geschichte ist: nicht Augustus und Quirinius, die zunächst den Ton angeben und verfügen, sondern Gott. Er verfügt über sie, er hat sie so sehr in der Hand, daß sie den ganzen römischen Staatsapparat in Bewegung setzen, damit seinem Willen und seiner Verheißung entsprechend Jesus in der Stadt Davids geboren wird.

Schritt für Schritt schreitet die Erzählung voran vom Augustus in Rom zum Kind in der Krippe in Betlehem. Mag der Kaiser sich als Herr und Retter der Welt preisen, in Wirklichkeit herrscht der, den Gott zum Herren und Retter proklamiert und den die Gemeinde als solchen bekennt: Jesus. Er ist in unserer Welt geboren, um in ihr seine Herrschaft anzutreten.

Boten der Botschaft

¹⁵Als die Engel sie verlassen hatten und in den Himmel zurückgekehrt waren, sagten die Hirten zueinander: Kommt, wir gehen nach Betlehem, um das Ereignis zu sehen, das uns der Herr verkünden ließ. ¹⁶So eilten sie hin und fanden Maria und Josef und das Kind, das in der Krippe lag. ¹⁷Als sie es sahen, erzählten sie, was ihnen über dieses Kind gesagt worden war. ¹⁸Und alle, die es hörten, staunten über die Worte der Hirten. ¹⁹Maria aber bewahrte alles, was geschehen war, in ihrem Herzen und dachte darüber nach. ²⁰Die Hirten kehrten zurück, rühmten Gott und priesen ihn für das, was sie gehört und gesehen hatten; denn alles war so gewesen, wie es ihnen gesagt worden war. (Lk 2,15–20)

Die Engel sind fort. Die Hirten sind allein gelassen bei ihren Herden auf dem Feld, und doch sind sie nicht verlassen. Zwar sieht es zunächst so aus, als seien sie nun die alleinigen Akteure: sie sprechen und beschließen, kommen und finden, sehen und machen bekannt, kehren um und loben. Doch ist all das beherrscht von dem „Ereignis, das der Herr kundgetan hat" (2,15). Sie „finden" nicht aus sich. Sie haben sein Wort gehört, sind von seiner Herrlichkeit, die sie umstrahlte, erfaßt und erweisen sich als Menschen seiner Erwählung. Sie zeigen, was Weihnachtsglaube heißt.

Gemeinsamer Aufbruch

Die Hirten sprechen zueinander, rufen sich zu: „Auf, wir wollen nach Betlehem gehen ..." Ihr Aufbruch ist kein einsamer Entschluß. Hier ist Gemeinde, die sich ermuntert, den spannungsvollen Weg vom Ort der Offenbarung Gottes zur irdischen Wirklichkeit des Kindes in der Krippe zu wagen (beides liegt ja zunächst auseinander).

Sie machen sich eilends auf, folgen dem Evangelium aufs Wort. Für sie gibt es nichts Wichtigeres mehr. Da sie sich aufmachen, kommen sie zum Ziel: Sie finden. Aber wen finden sie schon? Ein junges Elternpaar und das Kind in der Krippe – nichts Übermenschliches. Wie soll das alles etwas mit Gott zu tun haben? – Doch so und nicht anders will es Gott, so ist es ihnen verheißen: „Ihr werdet ein Kind finden, in Windeln gewickelt, in einer Krippe liegend" (Lk 2,12). Dort allein ist er zu finden.

Sehen und Hören

Was sie sehen, verbinden sie mit dem, was ihnen gesagt ist. Sehen und Hören kommen zur Einheit. Darin zeigt und bewährt sich ihr Glaube. Sie sehen, wo es eigentlich nichts Besonderes zu sehen gibt, keinen Schimmer der Herrlichkeit, die sie umstrahlte. Sie „sehen" in dem Kind den Retter, den Christus, den Herrn.

Da sie gesehen haben, tun sie kund, was ihnen verkündet ist. Sie werden zu Boten der Botschaft, die sie empfangen haben. Sie, die ganz gewöhnlichen, unbedeutenden Menschen, die „Laien", sie sind die ersten Boten des Evangeliums. Sie setzen die Sendung der Engel fort. Wer die Botschaft hört, sagt sie weiter. Wer sich nur selbst daran erbauen und religiös befriedigen will, hat sie wohl nie gehört.

Gotteslob im Alltag der Welt

Die Verkündigung ruft Staunen hervor. Wer könnte solche Botschaft selbstverständlich hinnehmen? Maria – Inbegriff der hörenden und glaubenden Gemeinde – bewahrt die Geschehnisse und Worte in ihrem Herzen und „fügt sie zusammen" (2,19): Sie verbindet miteinander, was sie hört und sieht. Der Glaube erschließt ihr den Zusammenhang des Geschehens.

Die Hirten kehren um zu ihren Herden – nicht in müder Verdrossenheit. Sie loben und preisen Gott für alles, was sie gehört und gesehen haben. Aus dem Gedenken kommt der Dank. Das Gotteslob wird laut im Alltag ihrer Welt. Dort sind sie von der Ankunft Gottes getroffen worden, dort endet ihr Weg.

IN HON· B· P· FRANCISCI SVPRA PRAESE

Krippe und Dom

Weihnachten 1223, drei Jahre vor seinem Tod, geht Franz von Assisi mitten in der Heiligen Nacht nach draußen in den Wald. Die Leute folgen ihm in Scharen auf dem Weg in die Nacht: Jung und alt, Frauen und Männer, viele Arme, aber auch Wohlhabende – ein langer Zug mit Fackeln und Kerzen.

Ungewöhnlich genug, was draußen vor der Stadt Greccio geschieht: Mitten im Wald wird ein Stall hergerichtet und die Krippe, mit Heu und Stroh, das Kind darauf, Maria und Josef, Ochs und Esel. In der heiligen Messe singt Franz als Diakon das Evangelium und deutet vor der Krippe das Geheimnis der Heiligen Nacht. Franziskus hat als erster die Krippe von Betlehem leibhaftig dargestellt. Ihm verdanken wir diesen Brauch, der Weihnachten bis heute geprägt hat.

Weihnachten 1223. Zu dieser Zeit stehen hier in Limburg auf dem Felsen über der Lahn Gerüste und Bauhütten. Schon über eine Generation wird am Dom gearbeitet. Der Dom ist so alt wie die Krippenfrömmigkeit.

Hier der Dom – dort der Stall. Hier der Reichtum an Architektur – dort der Freund der Armut.

Bei Franziskus sammelt sich alle Sehnsucht und Leidenschaft im Kleinen, hier im Dom ver-

einen sich die Möglichkeiten menschlicher
Kunst zu ungeahnter Größe.

Krippe und Dom – unterschiedliche Welten;
und doch dasselbe Tasten nach Ausdruck, der-
selbe Versuch, Unsagbares anzusagen, dieselben
Fragen, die uns heute gerade in dieser Nacht um-
treiben: Wo gehöre ich hin? Wo kann ich bleiben? Wo finde ich Heimat?

Warum möchten wir in diesen Tagen – wenn's
eben geht – nach Hause? Rührt uns da nicht, be-
wußt oder unbewußt, eine Sehnsucht an, die
ganz tief in uns steckt: Wir möchten wissen, wohin wir gehören. Wir möchten daheim sein und
ein Dach überm Kopf haben. Wir möchten für
immer nach Hause finden. Ist das nicht unser
Weihnachtsthema und unser Lebensthema?

Gott findet den Menschen

Franziskus steht in den Anfängen der bürgerli-
chen Gesellschaft. Er kennt das Spiel mit der
Macht, um Geld und Einfluß. Er könnte es mit-
spielen. Er wählt einen anderen Weg: Nicht hoch
hinaus, sondern ganz tief nach unten – wie Jesus,
dem er nachfolgt. Er läßt sich von den Armen
umarmen. Leidenschaftlich liebt er in ihnen den
„heruntergekommenen" Gottessohn. Durch ihn
weiß er sich ermutigt zu einem neuen Leben:
arm, gewaltlos, einfühlsam, ganz dicht bei den
Kleinen und Unterdrückten. Die Krippe, die er
gegen Ende seines Lebens darstellt, ist alles andere als ein Zeichen sentimentaler Regression;

sie ist Ausdruck eines Lebens in der Nachfolge Jesu. Er will da anfangen, wo Jesus angefangen ist. Er will da sein, wo Jesus ist, draußen vor der Tür: „... und sie legten ihn in eine Krippe, weil in der Herberge kein Platz für sie war." Franziskus will Jesus in seinem Leben Platz machen. Er will den Stall sehen, die Armut spüren.

Stall, Krippe – wissen wir noch, was das heißt? Damit ich immer neu daran erinnert werde, trage ich ein Holzkreuz. Es stammt vom Bauernhof meiner Eltern, aus einem Türpfosten im Kuhstall, dicht bei der Futterkrippe.

Franziskus ist in jener Heiligen Nacht nach draußen gegangen, in den Wald. Nicht, um der Kirche den Rücken zu kehren! Er hat die Kirche geliebt. Er hat verfallene Kirchen wieder aufgebaut. Aber er will in dieser Nacht der Schöpfung ganz nahe sein, dicht bei den Pflanzen und Tieren. Darum dürfen Ochs und Esel an der Krippe nicht fehlen. Franz ist in der Schöpfung zu Hause. Er läßt sich in Gottes Welt beheimaten. Der Himmel als Dach überm Kopf, die Erde als Boden unter den Füßen. Im Sonnengesang feiert er das Geheimnis der Krippe in der Schöpfung. Er kennt diese Wahrheit noch, die uns fehlt und deren Mangel uns krank macht.

In seiner Treue zur Erde bezeugt Franziskus, was das Weihnachtsevangelium erzählt: Gott kommt zur Welt. Er ist ganz „eingefleischt" in unserer Welt. Dieser Welt gilt die Verheißung: „Frieden auf Erden!"

Weil Gott zum Menschen gefunden hat, können Menschen zueinander finden. Ist es nicht das, was uns ein Leben lang unterwegs sein läßt?

Das Ziel im Blick

Die Krippe, draußen vor der Stadt – und hier der Dom? Ist er nicht der Inbegriff einer etablierten Kirche, die Franziskus aufbrechen wollte und zum Aufbruch gemahnt hat?

Hüten wir uns vor falschen Alternativen. Dieser Dom lädt ebenfalls zum Aufbruch ein, anders als Franz, aber nicht weniger glaubhaft, nicht weniger kritisch gegenüber allem, was Menschenhand baut und als Behausung zu bieten hat. Er lenkt den Blick voraus auf das, was die letzten Seiten der Bibel als Gottes Verheißung verkünden: Gott selbst wird eine neue Stadt bauen und unter uns wohnen: „Haus Gottes unter den Menschen."

„Er hat unter uns gewohnt …" – und er tut's weiterhin. Er ist nicht mehr aus der Welt zu schaffen, die er selbst geschaffen hat. Das Kind in der Krippe – „der Messias, der Herr". Er ist Ursprung und Mitte der neuen Stadt.

Es ist, als hätten die Erbauer des Domes die Gewißheit des Zieles in Stein gehauen, eine Vergewisserung auf dem Weg der Wohnungssuche. Mit der Vorstellungskraft von Verliebten machen sie auf dem Weg schon sichtbar, was am Ende sein wird: die Welt als Gottes Haus, und Platz darin für alle. Nicht zuletzt auch für die Natur, für Pflanzen und Tiere. Die Bilder und Ornamente hier im Dom sind wie ein Sonnengesang.

Der Mut des Glaubens

Krippe und Dom – Zeichen der Ankunft, der Ankunft Gottes bis zum Äußersten.

Transzendenz nach unten, in die tiefsten Tiefen. Transzendenz nach oben, auf die neue Stadt hin, hoch auf dem Felsen. Eine ungeheure Spannung.

Dazwischen liegt unser Weg, dazwischen sind wir ausgespannt; Menschen auf Herbergssuche, mitten im kalten Winter, mitten in der Nacht. Was können wir uns Besseres wünschen als den Mut des heiligen Franz und den Mut der Dombauer, den Mut des Glaubens: Schon ist uns Heimat geschenkt, in der Schöpfung und anfanghaft in der Neuschöpfung. Das ist für uns, die wir auf Herbergssuche sind, der Grund, Weihnachten zu feiern an der Krippe in diesem Dom.

III

Lichtblicke

Er trägt das All ...

¹Viele Male und auf vielerlei Weise hat Gott einst zu den Vätern gesprochen durch die Propheten; ²in dieser Endzeit aber hat er zu uns gesprochen durch den Sohn, den er zum Erben des Alls eingesetzt und durch den er auch die Welt erschaffen hat; ³er ist der Abglanz seiner Herrlichkeit und das Abbild seines Wesens; er trägt das All durch sein machtvolles Wort, hat die Reinigung von den Sünden bewirkt und sich dann zur Rechten der Majestät in der Höhe gesetzt; ⁴er ist um so viel erhabener geworden als die Engel, wie der Name, den er geerbt hat, ihren Namen überragt. ⁵Denn zu welchem Engel hat er jemals gesagt:

Mein Sohn bist du,
heute habe ich dich gezeugt,
und weiter:
Ich will für ihn Vater sein,
und er wird für mich Sohn sein?
⁶Wenn er aber den Erstgeborenen wieder in die Welt einführt, sagt er:
Alle Engel Gottes sollen sich vor ihm niederwerfen.

(Hebr 1,1–6)

Große Worte

Ein Weihnachtslied mit allen Registern, dieser Hymnus am Anfang des Hebräerbriefes. Das ist ein Wort: „Gott hat zu uns gesprochen durch den Sohn ... Erbe des Alls ... Abglanz seiner Herrlichkeit ... Er trägt das All durch sein machtvolles Wort" (2 f.).

Zwei Wörter kehren in diesem Text immer wieder: „Er" und „All". Zu Weihnachten geht es ums Ganze, um das Universum. Es geht nicht nur um die Krippe und um die Heilige Familie. „Er trägt das All ..."

Das sind große Worte. Zu groß – oder? Was richten sie aus? Sie finden ein Echo in unseren Weihnachtsliedern und in den Darstellungen der Kunst: Christus trägt die Erdkugel. Hat sich's damit?

Wenn ich durch das Bistum fahre, begegne ich an Rhein und Lahn und sonst im Land vielen Denkmälern, alten Ruinen. Abends sind sie zumeist angestrahlt. Man schaut hinauf und freut sich: Ein herrlicher Anblick! Aber es lebt keiner mehr in dem alten Gemäuer. Ist das so mit diesem Urgestein der Bibel: Denkmäler, an festlichen Tagen angestrahlt, ins helle Licht gerückt – aber, leben wir darin? Vielleicht die Älteren noch; man hat sich halt so eingerichtet. Aber reicht unsere Kraft noch, den Jüngeren darin Leben zu eröffnen?

Eine Welt ohne Fenster

Machen wir uns nichts vor, es ist nicht leichter geworden zu glauben. „Gott hat zu uns gesprochen durch seinen Sohn ..." (2). – Mag sein, aber wer hört denn noch, was er gesagt hat und uns sagen will? „Er ist der Abglanz seiner Herrlich-

keit ..." (3), Licht vom Licht. – Sehen wir diese Sonne noch? Liegt's an unseren Augen? Sind wir blind geworden dafür? Liegt's daran, daß wir im Universum noch ganz andere Sonnen entdeckt haben, die alles Bisherige in den Schatten stellen?

„Erbe des Alls ..." (2). – Ist ihm das Erbe nicht längst streitig gemacht? Uns gehört die Welt, die Sterne dazu. Und auf einmal sehen wir Sterne ... und blicken schließlich nicht mehr durch. Keine Aussicht!

Unsere Welt – las ich – hat keine Fenster mehr. Wohin wir schauen, durch das Mikroskop oder durch das Fernrohr, auf den Bildschirm oder in Pläne und Bilanzen – wir begegnen schließlich nur noch uns selbst. Gott kommt nicht mehr vor. Wir sitzen wie in einem riesigen Spiegelsaal, ohne ein Fenster zur Ewigkeit; wir spiegeln uns nur noch selbst. Eine Zeitlang ist das vielleicht ganz interessant, dann wird's schrecklich langweilig. Und in dem Maße, wie wir die Grenzen unserer Weltbeherrschung zu spüren bekommen, sehen wir uns anonymen Mächten ausgeliefert. Man weiß schließlich nicht mehr, wo man dran ist.

Franz Kafka hat diese beklemmende Erfahrung in seinem Roman „Der Prozeß" beschrieben: Der, dem der Prozeß gemacht wird, weiß nicht, wer seinen Fall behandelt. Er trifft immer nur auf kleine, nachgeordnete Schreiberlinge, die sich hinter Bergen von Akten verschanzen. Er irrt durch lange Gänge, aber keiner kann ihm Auskunft geben. Niemand ist für ihn zuständig.

Niemand nimmt seinen Einspruch an. Das Urteil wird in seiner Abwesenheit gesprochen. – Da kann einem angst und bange werden: eine Welt ohne Gesicht, ohne ein Fenster, das Aussicht schenkt. – Ob das Wort der Lesung, das uns wie vergangenes Gestein anmutet, nicht doch eine Herberge schenkt, in der man leben kann?

Der Durchbruch

Viele sagen heute: Diese in sich geschlossene, von naturwissenschaftlich-technischer Rationalität beherrschte Welt geht zu Ende. Es ist Wendezeit. Eine neue Zeit bricht an: New Age, das Zeitalter einer allgemeinen Religiosität, einer kosmischen Ganzheitlichkeit. Religiöse Traditionen werden neu entdeckt, vor allem die aus Asien. Nichts gegen Jesus – aber er allein? Ein bißchen Buddhismus, ein bißchen Hinduismus, ein bißchen islamische Sufi-Mystik, ein bißchen Esoterik, Astrologie und Wiedergeburt. Dies und das, von jedem was! Ist das das Wahre?

„Viele Male und auf vielerlei Weise hat Gott einst zu den Vätern gesprochen durch die Propheten ..." (1), so beginnt der Lesungstext (wir brauchen als Christen die Einsichten anderer Religionen nicht zu schmälern). Aber dann bringt er die ganze Geschichte auf den Punkt: „In dieser Endzeit aber hat er zu uns gesprochen durch den Sohn ..." (2). Jesus ist kein Prophet unter anderen, er ist das letzte, das wahre Wort Gottes. Es gibt kein Dahinter-zurück oder Darüber-hinaus.

Er ist die Zeitenwende. Und alles, was als Wende ausgegeben wird, ist an ihm zu messen.

An bestimmten Punkten unseres Lebens gibt es kein Sowohl-Als-auch mehr, sondern nur noch das Entweder-Oder. Das ist nachdrücklich in Erinnerung zu rufen, in einer Zeit, die mit Kompromissen schnell bei der Hand ist, aber sich mit Entschlüssen schwertut. Es sind Entscheidungen zu fällen. Christen sind Leute, die sich entschieden haben. Was soll eine vage Religiosität und Gläubigkeit, die niemandem weh tut, aber auch niemanden heilt.

„In dieser Endzeit aber hat er (Gott) zu uns gesprochen durch den Sohn …" (2). Die Mitte der Welt und des Lebens ist nicht blinde Energie, nicht gesichtsloses Schicksal, nicht namenlose Materie, nicht irgend etwas Überirdisches, sondern eine gelebte und bis in den Tod durchlittene Menschengeschichte, die Gottes Geschichte mit uns ist. Gott spricht sein Wort – Jesus – nicht über unsere Köpfe hinweg, sondern in unser Leben hinein. Er kennt die zugeschlagenen Türen, die Krippe, das Leben mit Ochs und Esel und dem ganzen dummen Stroh, das wir dreschen. Er hat „die Herren der Welt" zu spüren bekommen. Vor Herodes mußte er nach Ägypten fliehen, ins Exil (als Asylant); und Pilatus hat über ihn den Stab gebrochen. Er ist wirklich dort angefangen, wo wir sind. So hat er den Käfig unseres in sich verschlossenen Daseins aufgebrochen, so hat er die alles entscheidende Bresche geschlagen.

Wir sind getragen

Das ist das Geheimnis von Weihnachten. Durch Jesus, der in unserer Welt für Gott spricht, beginnt unsere Wirklichkeit für Gott zu sprechen. Der Mensch findet ein Gegenüber, dem er sich anvertrauen kann. Das Leid muß nicht mehr stumm machen, es findet Worte der Klage. Angst kann eingestanden, Hilfe angenommen werden. Die Schuld muß nicht geleugnet werden, sie kann Vergebung finden. („Er hat die Reinigung von den Sünden bewirkt ...", 3). Menschen beginnen für Gott zu sprechen, die Welt beginnt für ihn zu reden.

„Er trägt das All durch sein machtvolles Wort" (3). Er trägt ... Die Welt ist getragen, trotz aller Fragen. Wir brauchen uns nicht als Atlas zu gebärden. Wir überheben uns ja doch nur. – Die Abtei Maria-Wald in der Eifel hat einen Kapitelsaal mit einem spätgotischen Netzgewölbe. Der Schlußstein, der alles trägt, ist ein Herz. Jemand hat, wohl ohne zu wissen, was er tat, dieses Herz durchbohrt und einen Haken darangehängt: das durchbohrte Herz, das alles trägt, mit dem Haken, an dem alles hängt. „Er trägt das All durch sein machtvolles Wort" (3).

„Was halten Sie von Jesus?" fragte mich ein Jugendlicher. Was ich von ihm halte? Daß er mich hält, daß er uns hält und die ganze Welt dazu.

Aus Gott geboren

¹Im Anfang war das Wort,
und das Wort war bei Gott,
und das Wort war Gott.
²Im Anfang war es bei Gott.
³ Alles ist durch das Wort geworden,
und ohne das Wort wurde nichts, was geworden ist.
⁴In ihm war das Leben,
und das Leben war das Licht der Menschen.
⁵Und das Licht leuchtet in der Finsternis,
und die Finsternis hat es nicht erfaßt.

⁶Es trat ein Mensch auf, der von Gott gesandt war; sein Name war Johannes. ⁷Er kam als Zeuge, um Zeugnis abzulegen für das Licht, damit alle durch ihn zum Glauben kommen. ⁸Er war nicht selbst das Licht, er sollte nur Zeugnis ablegen für das Licht.

⁹Das wahre Licht, das jeden Menschen erleuchtet,
kam in die Welt.
¹⁰Er war in der Welt,
und die Welt ist durch ihn geworden,
aber die Welt erkannte ihn nicht.
¹¹Er kam in sein Eigentum,
aber die Seinen nahmen ihn nicht auf.
¹²Allen aber, die ihn aufnahmen,
gab er Macht, Kinder Gottes zu werden,
allen, die an seinen Namen glauben,
¹³die nicht aus dem Blut,
nicht aus dem Willen des Fleisches,
nicht aus dem Willen des Mannes,

sondern aus Gott geboren sind.
[14]Und das Wort ist Fleisch geworden
und hat unter uns gewohnt,
und wir haben seine Herrlichkeit gesehen,
die Herrlichkeit des einzigen Sohnes vom Vater,
voll Gnade und Wahrheit.   (Joh 1,1–14)

Womit fängt's an? „Im Anfang war das Wort ..." – Was fangen wir damit an? Wir sprechen eine andere Sprache: „Im Anfang war die Tat." So steht's bei Goethe, als Inbegriff neuzeitlichen Bewußtseins. Das ist eine erregende Szene: Faust denkt nach über dies Evangelium vom Anfang: „Auf einmal sehe ich Rat und schreibe getrost: Im Anfang war die Tat." Unmittelbar nachdem das getrost geschrieben ist, erscheint der Teufel auf der Bühne. Es ist eine teuflische Sache, wenn die Welt (auch die fromme Welt!) ein Produkt der eigenen Tat wird, wenn der Mensch sich selbst macht (der „gemachte Mann"). „Hier sitz' ich, forme Menschen nach meinem Bilde ..." (Prometheus). Dann haben wir die Bescherung – nicht die weihnachtliche. Wenn am Anfang die Tat steht, dann wissen die Menschen am Ende mit sich und der Welt nichts mehr anzufangen. Das ist zum Verzweifeln. Von der eigenen Tat kann man nicht leben.

Im Anfang war das Wort ...

Vielleicht können wir heute neu anfangen, dieses Evangelium zu buchstabieren: „Im Anfang war

das Wort ..." Hier steht das Wort am Anfang,
kein Allerweltswort, sondern Gottes Wort. Da-
mit fängt's an – Weihnachten und nicht nur an
Weihnachten, sondern überhaupt. Gott hat sein
Wort gesprochen. Wenn Weihnachten seinem
Ursprung treu bleiben soll, dann nur in dieser
Gewißheit.

Man kann im Ernst nicht von Weihnachten
reden, ohne von Gott zu sprechen. Wir haben
uns Weihnachten nicht selbst ausgedacht wie
Silvester oder den 1. Mai – „Im Anfang war
das Wort ..." Es kommt nicht aus uns, sondern
zu uns. Es ist nicht unsere Tat, sondern sein
Wort. Wir können und müssen es nicht machen, wir dürfen es empfangen, es uns sagen
lassen.

Wir säßen jetzt nicht hier, wenn es nicht Menschen gegeben hätte, die es empfangen haben;
Maria, und nicht nur Maria. So ist es zur Welt gekommen, so kommt es zur Welt; in unsere Welt,
mit Augustus und Herodes, mit Krippe und ster-
benden Kindern. Das Wort ist Fleisch geworden,
ist eingegangen in unser Fleisch und Blut. Es hat
ein Gesicht bekommen, einen Namen: Jesus
Christus.

Scheidung der Geister

Daran scheiden sich die Geister. Das Evangelium
macht sich und uns da gar nichts vor. „Er kam in
sein Eigentum, aber die Seinen nahmen ihn nicht
auf ..."

Lassen Sie uns heute nicht davon reden. Lassen Sie uns von denen reden, die das Wort hören und aufnehmen. Lassen Sie uns mit dem Evangelium von unserer tiefsten Sehnsucht und von unserem Glauben sprechen: „Allen aber, die ihn aufnahmen, gab er Macht, Kinder Gottes zu werden, allen, die an seinen Namen glauben, die nicht aus dem Blut, nicht aus dem Willen des Fleisches, nicht aus dem Willen des Mannes, sondern aus Gott geboren sind."

Die Alternative ist klar, das ist ein anderes Leben. Nicht, nicht, nicht ... Dreimal dieses „nicht": – nicht aus der eigenen Tat; – nicht aus den eigenen Trieben und Antrieben; – nicht aus der naturwüchsigen Kraft. Vielmehr die Menschen, die sich Gott verdanken, die wissen, daß sie von Anfang an Empfangene sind und es bleiben. Wer's als die Wahrheit seines Lebens erkennt und bekennt, ist davon befreit, sich selbst „bringen" zu müssen, ist wie neu geboren, „aus Gott geboren". Fest der Geburt!

Gottesgeburt in uns

Anfang einer neuen Geschichte, der Geschichte des Wortes Gottes in uns. Es ist nicht nur (das zunächst und vor allem!) in Betlehem zur Welt gekommen. Es möchte in uns und durch uns zur Welt kommen. So singen wir's: „Treuer Immanuel, werd auch in mir nun geboren ..." „Dich, wahren Gott, ich finde, in meinem Fleisch und Blut ..." Gottes Geburt in uns! Wir ein Geburtsort Gottes! Kann man Größeres vom Menschen sagen?

Gott wartet im Grunde unseres Herzens. Schade nur, daß wir so wenig dort zu Hause sind, uns nicht aushalten und vor uns selbst laufen gehen. Wie schwer ist es, „in sich" zu gehen und „zu sich" zu kommen. Aber wie anders können wir Gott begegnen? Wie anders sollte er durch uns zur Welt kommen? Wie anders können wir anderen Herberge sein und Heimat geben?

Hören wir seinen Lockruf in uns, gerade in diesen Tagen? „Gott, du bist mir innerlicher, als ich mir selber bin", sagt Augustinus. Das haben uns Erwachsenen die Kinder wohl voraus, daß sie noch näher bei sich sind, einig mit sich und ihrem wahren Mutterboden. Ob wir nicht deswegen gerade in diesen Tagen von ihnen angerührt werden, wir, die wir mit allen Wassern eines überanstrengten Erwachsenendaseins gewaschen sind, der eigenen Tat verpflichtet, die wir nicht selten so außengelenkt sind, daß wir unser Innerstes nicht mehr wahrnehmen? Ob wir das Kind in uns noch entdecken können? Oder sind wir zu erwachsen geworden, um noch empfänglich zu sein?

Geburtsschmerzen

So groß das Ziel der Gottesgeburt ist, so mühsam ist der Weg, so eng und ängstigend wie beim ungeborenen Kind, das zur Welt möchte. Man darf sich die inneren und äußeren Widerstände des

Wachstums nicht ersparen. Herbergssuche und Exil, Krippe und Kreuz erinnern an die Wehen und Geburtsschmerzen, unter denen Gottes Wort zur Welt kommt. Aber wenn es geschieht, wenn es uns in Fleisch und Blut übergeht? „Die aus Gott Geborenen sind die Säulen der Welt und die Pfeiler der Kirche", sagt der Mystiker Johannes Tauler. Die Welt wartet auf sie, und die Kirche nicht weniger.

Gott kommt nicht einfach nur in die irdischen Verhältnisse, er will in uns Menschen zur Welt kommen. Die ihn kommen lassen, bringen die Verhältnisse in Bewegung. Sie gewinnen ein neues Verhältnis zu den Verhältnissen.

Ein neuer Anfang

„Im Anfang war das Wort …" Was fangen wir damit an, wir, die wir mit uns und der Welt oft nichts mehr anzufangen wissen? Lassen Sie uns anfangen mit dem Wort Gottes in uns. Wenn dieses Wort durch uns zur Welt kommt, das ist ein Fest, ein Fest wie Weihnachten. Das Fest der Geburt! Dazu können wir uns nur beglückwünschen.

Heilige Nacht

⁴In ihm war das Leben,
und das Leben war das Licht der Menschen.
⁵Und das Licht leuchtet in der Finsternis,
und die Finsternis hat es nicht erfaßt.
⁹Das wahre Licht, das jeden Menschen erleuchtet,
kam in die Welt.   (Joh 1,4 f.9)

Die Nacht ist uns Christen heilig. Das hat seinen Grund. „In der Nacht, in der Jesus verraten wurde", hat die Eucharistie ihren Ursprung. Die Karfreitagsfinsternis kommt über die ganze Erde, in der Osternacht geht das Licht auf. Die Nacht ist uns Christen heilig. Heilige Nacht, Weih-*nacht*, Nacht, in die hinein Jesus geboren ist.

In der schwärzesten Nacht

Diese Nacht des 25. Dezembers ist eine besondere: eine der längsten, tiefsten Nächte des Jahres. Wintersonnenwende! Jetzt werden die Tage länger und die Nächte kürzer. Was bewegt die Christen, die Gottesgeburt in dieser Nacht zu feiern? Gott kommt – so bekennen wir – in der schwärzesten Nacht zur Welt. Er schaut nicht kurz bei Tageslicht herein, er sucht uns in der dunkelsten Nacht auf. Wäre er einer von uns, wenn er diesen Tiefpunkt gescheut hätte? „Das Licht leuchtet in der Finsternis." Wer ihn hier sucht, wer sich hier finden läßt, für den werden die Nächte kürzer. Die Mitte der Nacht ist der Anfang des Tages.

Sich der Nacht stellen

Heilige Nacht – was verbinden wir damit? Ein frommes Spiel der Liturgie? Nachtromantik mit Schummerlicht? Stimmungsvoll, etwas fürs Gemüt? Brauchen wir den dunklen Hintergrund nur für unsere schönen Kerzen? Was heißt hier Nacht? Ist sie Erfahrung oder Kulisse?

Weihnachten feiern heißt, sich der Nacht stellen. Wir Christen reden sie nicht herbei, aber wir weichen ihr nicht aus. Würden wir sie abspalten und verdrängen, dann wäre nicht mehr Weih-*nacht*en. Wie die Nacht im Wort steckt, so steckt sie in uns, in ihrer ganzen Abgründigkeit.

Fragen wir uns also: Wo erfahre ich Nacht? Schlaflose Nächte, die nicht zu Ende gehen wollen, nicht nur im Alter. Wo tappe ich im Dunkeln? Wo sieht's bei mir finster aus? Oder grau in grau, man lebt halt so vor sich ihn, ohne Lichtblicke. Die Schattenseiten des Lebens: Konflikte können Ehe und Familie überschatten und das Leben lähmen; Eltern müssen auf einmal feststellen: Unsere Kinder sind uns fremd geworden, wir verstehen uns nicht mehr.

Was machen wir mit den Nachtseiten unseres Lebens? Stecken wir sie einfach nur weg? Wo-

hin? Oder nehmen wir sie wahr? Der Glaube
wird oberflächlich, wenn wir sie ausblenden, gar
aus Angst, wir könnten sie Gott nicht zumuten.
Gerade in sie hinein ist er geboren, er ist in den
Abgründen und Tiefenschichten, in den Nächten
unseres Daseins anwesend. Darin zeigt sich die
Stärke unseres Glaubens, daß er sich der Finsternis aussetzt: „Das Licht leuchtet in der Finsternis."

Die im Dunkeln sieht man nicht?

Weihnachten feiern heißt, sich der Nacht stellen.
Wir bekommen es auf neue Weise mit dem zu
tun, was finster ist; und auch mit all denen, die
auf der Schattenseite des Lebens wohnen:

> „Denn die einen sind im Dunkeln.
> Und die anderen sind im Licht.
> Und man siehet die im Lichte.
> Die im Dunkeln sieht man nicht."
> (B. Brecht)

Jesus öffnet uns die Augen für „die im Dunkeln".
Die können und dürfen wir nicht übersehen: die
durch Terror, Vertreibung und Flucht im Dunkeln tappen. Ganze Völker, die auf der Schattenseite der Entwicklung stehen und von ihren
Schulden erdrückt werden. Darf man heute am
Feiertag davon nicht reden? Wie sollen wir denn
von Weihnachten reden, wenn wir die Dunkel-
heiten verschweigen? Der Glaube mutet uns
Nachtwanderungen zu. Wir hoffen ja nicht auf

uns selber; darum brauchen wir unser Leben und unsere Geschichte nicht zu halbieren und immer nur die Lichtseiten vorzuzeigen, wie es jene Ideologen tun, die keine andere Hoffnung haben als die auf sich selbst. Das Licht, dem wir vertrauen, „leuchtet in der Finsternis".

Im Sack oder durchs Fenster?

Weihnachten feiern heißt sich der Nacht stellen. Unsere Gesellschaft versucht mit aller Energie bis hin zur Atomkraft, die Nacht taghell zu machen. Alles soll durchleuchtet und ausgeleuchtet werden. Wir meinen, wir seien rundum erleuchtet und aufgeklärt; dabei sieht es oft finster aus. Und viele fühlen sich mit aller Energie hinters Licht geführt. – Wo die Nacht verdrängt wird, da treibt schließlich auch der Okkultismus seine finsteren Geschäfte.

Sind wir wie jene Schildbürger, die ein Rathaus bauten und die Fenster vergaßen? Zu spät entdecken sie, daß es drinnen finster ist. Was tun? Sie schaufeln Licht in Säcke, um es hineinzutragen – eine erfolglose Mühe. Man muß schon Fenster einbauen, um drinnen Licht zu haben und sich orientieren zu können.

Was ist Weihnachten für uns? Der Versuch, hektisch Licht einzusacken und nach innen zu schütten, um in dem fensterlosen Bau überleben zu können? Licht läßt sich nicht einpacken wie irgendeine Ware im Supermarkt. Wir sind gewohnt, das Licht einzuschalten und auszuschal-

ten, ganz nach Belieben. Es steht zu unserer Verfügung. Aber so können wir die Nacht unseres Daseins und unserer Geschichte nicht erleuchten. Und mit aller Energie laufen wir schließlich Gefahr, daß es noch finsterer wird.

Wir brauchen Fenster im Rathaus, Fenster im Haus des eigenen Lebens, in der Seele. Wir müssen die Fensterläden öffnen, damit das Licht in unserer Finsternis leuchten kann.

Einleuchtend und strahlend

„Das Ewig Licht geht da herein,
gibt der Welt ein neuen Schein;
es leucht' wohl mitten in der Nacht
und uns zu Lichtes Kindern macht."

Mitten in der Nacht – das Ewig Licht! – Wir wissen doch, wie das ist: ‚Da geht mir ein Licht auf!' Das ist ein großartiges Erlebnis. Das kann man nicht machen, nicht erzwingen. Man kann es empfangen, als Geschenk, als Gnade. Wenn das geschieht, dann strahlen wir.

Sie haben vielleicht Krippenbilder alter Meister vor Augen. Der Stall in der Nacht wird nicht von außen durch Scheinwerfer angestrahlt, sondern von innen her erleuchtet, vom Kind in der Krippe. Mit ihm ist uns ein Licht aufgegangen. Mit Jesus ist uns *das* Licht aufgegangen. Ob wir die Fenster unserer Seele und unserer Welt offenhalten, daß er uns einleuchtet? Das wird man spüren. Er wird durchscheinen, durch unsere

Worte, durch unsere Gebärden und unser Ver-
halten, durch unser Gesicht und unser ganzes
Leben. Das leuchtet auch anderen ein. Wie ein
Lichtblick!

Wenn die Sonne aufgeht ...

⁴Als die Güte und Menschenliebe Gottes, unseres Retters, erschien, ⁵hat er uns gerettet – nicht weil wir Werke vollbracht hätten, die uns gerecht machen können, sondern aufgrund seines Erbarmens – durch das Bad der Wiedergeburt und der Erneuerung im Heiligen Geist. ⁶Ihn hat er in reichem Maß über uns ausgegossen durch Jesus Christus, unseren Retter, ⁷damit wir durch seine Gnade gerecht gemacht werden und das ewige Leben erben, das wir erhoffen.

(Tit 3,4–7)

Ein junger Mann kommt zu einem Rabbi und fragt: „Was kann ich tun, um die Welt zu retten?" Der Rabbi antwortet: „So viel, wie du tun kannst, daß morgens die Sonne aufgeht." – „Aber was sollen dann all meine Gebete und meine guten Werke?" fragt der junge Mann. Darauf der Rabbi: „Sie helfen dir, wach zu sein, wenn die Sonne aufgeht."

Diese chassidische Geschichte fiel mir ein, als ich den Weihnachtstext aus dem Titusbrief überdachte.

Wie ein Sonnenaufgang

Die Menschenliebe Gottes ist wie ein Sonnenaufgang. Wer aus der Nacht kommt, weiß, was das heißt. Er kann ein Lied davon singen, wie

Paul Gerhardt, der leidgeprüfte Dichter am Ende des Dreißigjährigen Krieges:

„Ich lag in tiefster Todesnacht,
du warest meine Sonne,
die Sonne, die mir zugebracht
Licht, Leben, Freud und Wonne ..."

So ist das, wenn „die Güte und Menschenliebe Gottes" aufstrahlt, wie ein Sonnenaufgang. Wir wachen auf und sehen die Welt mit anderen Augen. Wir spüren, wie es warm wird, hell, lebendig:

„Ich danke dir, du wahre Sonne,
daß mir dein Glanz hat Licht gebracht;
ich danke dir, du Himmelswonne,
daß du mich froh und frei gemacht."

(Angelus Silesius)

Die Menschenliebe Gottes: Gott hat uns in sein Herz geschlossen. Er hat uns ausgesprochen gern. Das ist nicht so dahergesagt. Darauf hat er uns sein Wort gegeben, sich selbst, Jesus. Das ist unsere Rettung.

Erwünscht und bejaht

Den Sonnenaufgang können wir nicht machen, so wenig wie wir die Welt retten können. Wir brauchen's auch gar nicht, denn

Gott „hat uns gerettet,
nicht weil wir Werke vollbracht hätten,
die uns gerecht machen können,
sondern aufgrund seines Erbarmens ...
damit wir durch seine Gnade gerecht gemacht
werden" (3,5–7).

Wie sollen wir das verstehen? Unsere eigenen Werke können wir sehen. Die also retten uns nicht. Aber das Erbarmen, die Gnade Gottes? Ich erlebe das so:

Kein Mensch kommt auf die Welt ohne die unstillbare Sehnsucht, in der Liebe eines anderen zu hören und zu erfahren, daß er erwünscht ist und wichtig. Nur dann wird er dem Leben trauen, nur dann wird er sich selbst wagen und mutig ins Leben gehen. Nur wenn er Vertrauen erfährt und Zuwendung.

Ahnen Sie, was das heißt, wenn wir an die Geburt der Menschenliebe Gottes, wenn wir an diese Gnade glauben dürfen. Das gibt Raum zum Leben. Das läßt uns aufatmen. Das ist wie eine Erlösung. Denn seit den Tagen Adams und Evas ist es für keinen Mensch mehr selbstverständlich, erwünscht und bejaht zu sein. Wer weiß denn schon aus sich, daß es gut ist, daß er da ist und daß sein oft armseliges Leben trotz allem ein Geschenk ist an die Welt. Und wenn's ihm niemand sagt, wenn's ihn keiner erfahren läßt? Soll er sich's einreden? Schließlich meint er, er müsse es sich und den anderen zeigen und beweisen, daß er wer ist. Das ist ein heilloses Unterfangen, gnadenlos für ihn selbst und die anderen. Er kann machen, was er will, er mag noch so tüchtig sein und noch so erfolgreich, er wird aus dieser Gnadenlosigkeit durch sich selber nie herauskommen.

Wie neugeboren

Rettung geschieht nicht durch die eigene Leistung, auch nicht durch moralische Leistungen. Für sie gilt ebenso:

> „Gott hat uns gerettet,
> nicht weil wir Werke vollbracht hätten ..." (3,5)

Der christliche Glaube ist mehr als Moral. Wir müssen auf der Hut sein, daß er weder von links noch von rechts, weder von oben noch von unten auf Moral eingeengt wird. Das erste und letzte Wort unseres Glaubens, das A und O des Evangeliums ist dies: Du bist von Gott geliebt. Das ist unsere Rettung, von Gottes Gnaden.

Zeichen dieser zuvorkommenden Liebe Gottes ist die Taufe. Wir sind gerettet

> „durch das Bad der Wiedergeburt
> und der Erneuerung im Heiligen Geist" (3,5).

Sie kennen doch die Erfahrung – mancher mag sie mit Weihnachten verbinden –, da ist man „wie neugeboren ..." Wer nicht nur aus dem Fruchtwasser der Mutter kommt, sondern aus dem Fruchtwasser der Taufe, aus dem „Bad der Wiedergeburt", wer also der Menschenliebe Gottes gewiß ist und ihr vertraut, ist wie neugeboren.

Ein solcher Mensch sieht die Welt mit anderen Augen. Er oder sie können aus dem Geist Jesu leben und andere erfahren lassen, daß Gott sie liebt. Denn Gott hat seinen Geist

> „in reichem Maß über uns ausgegossen
> durch Jesus Christus, unseren Retter" (3,6).

Er ist nicht kleinlich (wie ein Erbsenzähler), er läßt sich nicht lumpen. Das Beste, das er hat, hat er uns geschenkt: Jesus Christus und durch ihn seinen Geist, „in reichem Maße". Das ist wie ein strahlender Sonnenaufgang, voller Energie, voller Leben. Das eröffnet unserem Leben neue Perspektiven, auf ewig. Das läßt hoffen. Gottes Gnade, seine Menschenliebe ist die Hoffnung unseres Lebens.

Nicht von oben herab

Gnade – mancher wird bei diesem zentralen Wort unseres Glaubens zögern: Klingt das nicht nach „gnädiger Herr", also von oben herab? Gottes Menschenliebe ist nicht Gnade von oben herab, eher von unten herauf. Sie schaut uns an mit den Augen eines Kindes, allemal von Mensch zu Mensch.

Gnade, heißt das nicht Abhängigkeit? – Es ist das ganze Glück der Liebe, daß wir sie einem anderen verdanken und schenken dürfen. Sie ist nicht unser Werk. Sie kommt nicht aus uns, sondern zu uns. Wir können sie nicht machen, aber empfangen und schenken.

Zögern Sie noch, wenn Sie „Gnade" hören? Dann bedenken Sie nur einen Augenblick, was das heißt, wenn es gnadenlos und erbarmungslos zugeht. Da haben wir doch alle Erfahrung, wie Menschen gnadenlos zugrunde gehen oder kaputtgemacht werden, wie ganze Völker erbarmungslos ausgebeutet worden sind und werden, und die Natur dazu. Krieg ist gnadenlos, erbarmungslos: verbrannte Erde und – schlimmer noch – verbrannte Menschen und verbrannte Kinder. Dahin darf es nicht kommen. Haben wir nicht in unseren Tagen andere Möglichkeiten erlebt, unmenschlichen Diktatoren zu begegnen und ihnen die Gewalt aus den Händen zu nehmen?

Was können wir tun, um die Welt zu retten? Soviel wir tun können, daß morgens die Sonne aufgeht. Das liegt nicht in unserer Hand, das ist Geschenk, das ist Gnade. Aber ob wir den Sonnenaufgang verschlafen oder hellwach miterleben und den ganzen Tag, das liegt bei uns. Also setzen wir uns den Sonnenstrahlen aus, machen wir Gebrauch von der Sonnenenergie. „Erschienen ist die Güte und Menschenfreundlichkeit Gottes, unseres Retters" ... Weil es trotzdem noch so finster ist, kalt auch mitten im tiefsten Winter, bitten wir dankbar um so mehr: „Sonne der Gerechtigkeit, gehe auf zu unsrer Zeit; brich in deiner Kirche an, daß die Welt es sehen kann. Erbarm dich, Herr."

Sternstunden

¹Als Jesus zur Zeit des Königs Herodes in Betlehem in Judäa geboren worden war, kamen Sterndeuter aus dem Osten nach Jerusalem ²und fragten: Wo ist der neugeborene König der Juden? Wir haben seinen Stern aufgehen sehen und sind gekommen, um ihm zu huldigen. ³Als König Herodes das hörte, erschrak er und mit ihm ganz Jerusalem. ⁴Er ließ alle Hohenpriester und Schriftgelehrten des Volkes zusammenkommen und erkundigte sich bei ihnen, wo der Messias geboren werden solle. ⁵Sie antworteten ihm: In Betlehem in Judäa; denn so steht es bei dem Propheten:

> *⁶Du, Betlehem im Gebiet von Juda,*
> *bist keineswegs die unbedeutendste*
> *unter den führenden Städten von Juda;*
> *denn aus dir wird ein Fürst hervorgehen,*
> *der Hirt meines Volkes Israel.*

⁷Danach rief Herodes die Sterndeuter heimlich zu sich und ließ sich von ihnen genau sagen, wann der Stern erschienen war. ⁸Dann schickte er sie nach Betlehem und sagte: Geht und forscht sorgfältig nach, wo das Kind ist; und wenn ihr es gefunden habt, berichtet mir, damit auch ich hingehe und ihm huldige. ⁹Nach diesen Worten des Königs machten sie sich auf den Weg. Und der Stern, den sie hatten aufgehen sehen, zog vor ihnen her bis zu dem Ort, wo das Kind war; dort blieb er stehen. ¹⁰Als sie den Stern sahen, wurden sie von sehr großer Freude erfüllt.

¹¹Sie gingen in das Haus und sahen das Kind und Maria, seine Mutter; da fielen sie nieder und huldigten ihm. Dann holten sie ihre Schätze hervor und brachten ihm Gold, Weihrauch und Myrrhe als Gaben dar. ¹²Weil ihnen aber im Traum geboten wurde, nicht zu Herodes zurückzukehren, zogen sie auf einem anderen Weg heim in ihr Land. (Mt 2,1–12)

Sternstunden – die kennen wir, hoffentlich nicht nur vom Hörensagen. Wir sprechen von Sternstunden der Menschheit, denken an Sternstunden in unserem Leben: ,Mensch, da geht mir ein Licht auf ...' Das ist eine wunderbare Erfahrung.

Sternstunden kommen nicht alle Tage; aber man kann noch nach Jahren davon erzählen. Sie sind wie ein Geschenk des Himmels.

Drei auf dem Weg und einer auf dem Thron

Das Evangelium erzählt von drei Männern, die eine Sternstunde erlebt haben, eine Sternstunde ihres Lebens und darüber hinaus: eine Sternstunde der Menschheit. Noch heute erzählen wir davon, noch heute bringt sie vor allem junge Menschen in Bewegung.

Die drei Männer werden Sterndeuter genannt, Astrologen. Ihre Konfession ist unbekannt. Sie kennen sich in den Gesetzen des Kosmos aus, haben einen Blick für die kosmischen Zusammenhänge. Ein Stern ist ihnen aufgefallen, der Besonderes verheißt. Dem gehen sie nach, bewegt von der Frage:

„Wo ist der neugeborene König der Juden?
Wir haben seinen Stern aufgehen sehen ..."
(2,2).

Dieser Stern läßt sie aufbrechen, über alle Grenzen weg. Ein kosmisches Zeichen führt sie in die
Nähe des Messias. Sie kommen von fern und erwarten in Jerusalem genauere Auskunft, wo sie
ihn finden: ‚Wißt ihr Näheres?' Die Reaktion dort
ist offenbarend:

Herodes hört „König" und bangt um seine
Macht. Er sieht seinen Thron wackeln: Da „erschrak er und mit ihm ganz Jerusalem" (2,3). Er
fürchtet sich vor der Erscheinung des Herrn, weil
er nur um seine eigene Erscheinung besorgt ist.
Während die Repräsentanten der Völker kommen, um dem Messias zu huldigen, sucht der
König der Juden ihn zu töten.

Die Hohenpriester und Schriftgelehrten, die
er rufen läßt in dieser unheiligen Allianz von
Thron und Altar, wissen auf Anhieb die richtige
Antwort: „In Betlehem in Judäa" (2,5). Sie haben
die einschlägige Literatur sofort zur Hand:
„Denn so steht es beim Propheten ..." (2,5 f.).
Sie haben das richtige Schriftwort im Kopf, mit
Stellenangabe, aber es reißt sie nicht vom Hok-
ker. Sie bleiben sitzen und lassen die Weisen
gehen.

Man kann offenbar genau über den Messias
Bescheid wissen, ohne davon bewegt zu sein,
ohne sich auf den Weg zu machen. Manche
Fromme waren noch nie unterwegs, oder sie sind
es schon längst nicht mehr. Schade! So kommen

die aus der Ferne zur Mitte. Die Nahen geraten an den Rand, weil sie sich nicht bewegen lassen. Die Geschichte bleibt deswegen nicht stehen, sie geht weiter, über Jerusalem hinaus. Nicht mehr die Heilige Stadt ist fortan der Mittelpunkt des Heiles, sondern der neugeborene Messias.

Der wahre Stern

„Wo ist der neugeborene König der Juden?" (2,2) Das ist die einzige Frage, die die Sterndeuter bewegt. König? Haben sie politische Ambitionen? Wenn es ihnen nur um einen der vielen jüdischen Könige ginge, hätten sie wohl kaum „seinen Stern" wahrgenommen und sich seiner Führung anvertraut. Ihr Weg steht im Zeichen alter Verheißungen, daß am Ende der Tage die Völker von den vier Winden nach Jerusalem kommen, um Gott anzubeten und ihm ihre Schätze zu bringen. Diese Zeit ist angebrochen. Die Völker stehen fragend vor den Toren Jerusalems. Sie empfangen die Botschaft, die ihnen das Ziel weist. Auch wenn von Jerusalem niemand mitgeht, sie wissen, wo sie dran sind mit ihrem Stern:

> „Und der Stern, den sie hatten aufgehen sehen, zog vor ihnen her bis zu dem Ort, wo das Kind war; dort blieb er stehen" (2,9).

Dort ist die Mission des Sterns beendet. Ein neues Licht geht ihnen auf. Der wahre Stern ist nicht am Himmel zu finden, sondern auf der

Erde, in unserem Fleisch und Blut. Der Messias kommt nicht als machtvolle Erscheinung vom Himmel herab, er kommt als Mensch zu Menschen. Er stellt sich ganz auf unsere Seite, so unscheinbar und alltäglich, daß er fast übersehen worden wäre, hätte Gott nicht ein Zeichen gegeben in dieser Sternstunde der Menschheit auf den hin, der Himmel und Erde in Bewegung bringt. Die Sterndeuter kommen an der unscheinbaren Erscheinung Gottes nicht zu Fall, sondern fallen vor ihm nieder.

Kniefall und aufrechter Gang

Ihre Freude ist übergroß. Die Sprache überschlägt sich, man merkt es dem Urtext deutlich an (leider kaum unserer Übersetzung):

> „Als sie den Stern sahen,
> wurden sie von sehr großer Freude erfüllt"
> (2,10).

Die drei geraten „außer sich vor Freude". Der Stern hat sie auf dem langen Weg vom Osten über Jerusalem nach Betlehem geleitet, über manche Grenze weg; nun führt er „sogar über die bewachteste und gefährlichste aller Grenzen: Er führt über uns selbst hinaus" (E. Jüngel).

> „Sie gingen in das Haus und sahen das Kind und Maria, seine Mutter; da fielen sie nieder und huldigten ihm" (2,11).

Sie gehen vor dem Messias in die Knie. Sie werfen sich nieder und huldigen ihm. Sie geben zu erkennen, wer sie sind und wer er ist, daß sie Menschen und er der Christus ist, der Sohn Gottes. Sie vertrauen sich ihm an, sie überlassen sich ihm. Darf man so in die Knie gehen? Ist das nicht entwürdigend? Wir sind doch zum aufrechten Gang berufen. Verliert man nicht sein Rückgrat, wenn man sich so tief verneigt? Nur wer ein Rückgrat hat, kann sich so tief bücken. Er weiß, daß er den aufrechten Gang dem verdankt, vor dem er in die Knie geht.

Der Mensch findet nur zu sich selbst, indem er über sich selbst hinausgeht. Er ist ein Versprechen, das er selbst nicht einlösen kann.

Anbetung der Völker

Mancher Europäer wird heute fragen: Warum machen sich die Sterndeuter als die Vertreter der Völker überhaupt auf den Weg zu Christus? Sollten sie nicht bleiben, wo sie sind, bei dem bleiben, was sie sind und haben? Sollten wir nicht allenfalls helfen, daß sie sich in ihren Verhältnissen entwickeln? Vielleicht ahnen sie heute stärker als die meisten Europäer, daß es nicht damit getan ist, daß Menschen zu sich selbst kommen. Sie sind darauf angelegt, daß sie über sich selbst hinauskommen. „Brot ist wichtig, die Freiheit ist wichtiger, am wichtigsten aber die ungebrochene Treue und die unverratene Anbetung", so hat Alfred Delp mit gefesselten Händen geschrieben.

Es gibt eine Freiheit, die nur der erfährt, der sich vor Gott niederwirft und ihn anbetet. Er braucht vor nichts und niemandem sonst in die Knie zu gehen.

Die Sterndeuter als die Vertreter der Völker stehen in ihrer Gottesverehrung nicht mit leeren Händen da:

> „Dann holten sie ihre Schätze hervor und brachten ihm Gold, Weihrauch und Myrrhe als Gaben dar" (2,11).

Sie haben etwas einzubringen in die Begegnung mit Christus, gar nicht so wenig. Haben wir nicht im Laufe der Zeit viel zu sehr reglementiert, was vor ihm hoffähig ist, was sie – die Völker – mitbringen dürfen und was nicht. Dann freut man sich schließlich nicht mehr über die Schätze, sondern verteufelt sie.

Sternstunden verändern das Leben. Man geht anders aus ihnen heraus, als man in sie eingetreten ist. So „zogen sie (die Sterndeuter) auf einem anderen Weg heim in ihr Land" (2,12). Sie sehen die Welt mit anderen Augen.

O Tannenbaum

Der Auftakt der christlichen Mission unter den Germanen war von kräftigen Axthieben begleitet. Bäume mußten fallen, heilige Bäume. Der bekannteste „Holzfäller" unter den Missionaren ist der heilige Bonifatius. Er brachte eigenhändig mit der Axt die Donar-Eiche in Geismar zu Fall. Was unseren Vorfahren als Beweis der größeren Kraft des Christen-Gottes über die Götter Germaniens galt, mutet uns im Zeitalter des Baumsterbens und des Naturschutzes eher etwas seltsam an.

Andererseits hätte ein Mann wie Bonifatius wahrscheinlich wenig Verständnis dafür, daß zu Weihnachten in allen christlichen Kirchen unseres Landes grüne Bäume aufgestellt werden. Was haben Tannenbäume mit dem Christfest zu tun? In der Geburtsgeschichte Jesu finden wir keinerlei Hinweis auf einen geschmückten Lichterbaum. Wie kommt es, daß ein solcher Baum für uns zum Inbegriff der Weihnacht geworden ist?

Die Wurzeln des Weihnachtsbaumes

Hören Sie dazu eine Geschichte, die mir ein Freund berichtete, als er einmal von einer Fahrt durchs Elsaß zurückkam. In der romanischen

Kirche von Rosheim traf er den dortigen Pfarrer, und der erzählte ihm folgendes:

„In dieser Kirche wurde der Weihnachtsbaum erfunden. Das kam so: Die Kinder sollten zu Weihnachten ein Spiel aufführen, ein Spiel in der Art der mittelalterlichen Paradeisspiele. Sie wollten es möglichst realistisch machen. Für das Paradies brauchten sie den Baum des Lebens und der Erkenntnis des Guten und Bösen. Grün sind im Winter nur Nadelbäume. Darum nahmen sie eine Tanne. So begann das Spiel:

Erster Akt: der Sündenfall. Dafür hätte eigentlich ein Apfelbaum hergemußt; aber die Kinder wußten sich zu helfen. Sie hängten Äpfel an die Tannenzweige, verführerisch rote Äpfel. Die Geschichte mit Adam und Eva nahm ihren Lauf ...

Zweiter Akt: Erlösung durch Christus; das Licht des Lebens scheint auf. „Das ewig Licht geht da herein ...", so sangen die Kinder, steckten dabei Kerzen auf und ließen den Baum im hellen Lichterglanz erstrahlen.

Dritter Akt: Das Heil kommt auch zu uns. Christus ist das Brot des Lebens. Die Kinder nahmen nichtkonsekrierte Hostien und banden sie an die Zweige: Brot für alle vom Baum des Lebens. Aus den Hostien wurden später gebackene Kringel. So wurde der Weihnachtsbaum erfunden, jedenfalls in seiner ursprünglichen Elsässer Art."

Der Pfarrer erzählt, als sei er selbst dabeigewesen. Ob es wirklich so war, sei dahingestellt. Sicher ist, daß im Elsaß vor etwa vierhundert Jahren die ersten Weihnachtsbäume aufgestellt wurden; und der Zusammenhang mit den mittelalterlichen Paradeisspielen ist wohl auch zutreffend.

Auf jeden Fall wird deutlich, daß der Weihnachtsbaum von seinem Ursprung her nicht das war, wozu er heute in den Schaufenstern der Warenhäuser verkommen ist: ein werbekräftiges Dekorationsstück. Und der heilige Bonifatius bräuchte nach dieser Erzählung nicht zu befürchten, daß alte heidnische Vorstellungen durch die Hintertüre wieder den Weg in die Kirche gefunden hätten. In der Erzählung des Pfarrers wird vielmehr deutlich, daß der Weihnachtsbaum von seinen Anfängen her ein Instrument der Glaubensunterweisung war. In seiner Symbolkraft soll er uns die Botschaft der Weihnacht verdeutlichen.

Verbotene Früchte – verlorenes Paradies

Drei Bilder begegnen sich in diesem Baum. Das erste: Adam und Eva unter dem Baum des Lebens und der Erkenntnis des Guten und Bösen und die Verführung durch die Schlange. Von Anfang an, so erzählt die Bibel, wollte der Mensch sein Schicksal selbst in die Hand nehmen. Er wollte leben, als ob es Gott nicht gäbe, als verdanke er sein Dasein sich selbst, als wäre er niemandem Rechenschaft schuldig. Von den Folgen dieser Selbstüberschätzung, vom verlorenen Paradies, von Not und Plage und von Angst vor dem Sterben spricht dieses erste Bild. Es handelt von einer Schuldgeschichte, in die wir seit unserer Geburt verstrickt sind, an der wir täglich selbst mitwirken und aus der wir uns mit eigener Kraft nicht befreien können.

Das Baumsterben heute kann uns diese Schuldverstrickung verdeutlichen. Es ist unabweisbar, daß man für diese bedrohliche Katastrophe nicht irgend jemand Bestimmtes verantwortlich machen kann. Sie liegt in der Luft. Luftverschmutzung heißt ja im Klartext: Wir sind alle mitschuldig, durch zuviel Autofahren, durch zu hohen Energieverbrauch für unseren Konsum, durch unsere mangelnde Bereitschaft, uns einzuschränken. Auf einmal stellen wir fest, daß wir in dem Wahn befangen sind, uns das Paradies selber zu machen, daß wir sein wollen wie Gott, unabhängig und autonom. Und im Rückblick erkennen wir, daß die Wälder, die unter unserer Selbstsucht zerstört wurden, eigentlich paradiesisch schön waren.

Welt in neuem Glanz

Die Lichter im Baum überstrahlen jedoch dieses dunkle Bild. Sie sprechen von der Erlösung durch Christus, vom Licht, das in der Finsternis leuchtet. Im Holz des Baumes steckt das Feuer. Die aufgesteckten Lichter zeigen es an. Der Baum wird zum Lichterbaum. Er weist hin auf das wahre Licht, auf Jesus Christus. Im Licht seines Lebens bekommt die Welt einen neuen Glanz. Er zerbricht den Teufelskreis einer

Menschheit, die nur um sich selbst kreist und um ihre Interessen. Er geht zu den Armen, er predigt den Hoffnungslosen, und er richtet die Gefallenen wieder auf. Er preist die selig, die ihre ganze Hoffnung auf Gott und sein Reich setzen. Er vergibt den Schuldigen und löst die Fesseln tödlicher Schuldverstrickung. Als er an den Kreuzesbaum gefesselt stirbt, sieht es so aus, als sei er am Ende doch schließlich von der menschlichen Schuld überwältigt worden. Aber Gott hat den, der ihm die Treue hielt, nicht verlassen. Er hat ihn aus dem Grab des Todes hinausgeführt in das Licht des Ostermorgens. So wirft der Weihnachtsbaum sein Licht voraus auf den Baum des Kreuzes und auf das Licht des Ostermorgens.

Teilen – Schlüssel zum Paradies

Das Licht, die Erlösung kommt zu uns. Heute will Christus unter uns wohnen. Darauf weisen die Abendmahloblaten am Baum hin. Christi Nähe sättigt und stärkt. Das geteilte Brot ist Zeichen dieser Nähe. Die vielen Oblaten am Baum weisen hin auf die vielfältigen Möglichkeiten des Teilens: geteiltes Brot, geteiltes Geld, geteilte Zeit. Der Teilende ist der Mitteilende, der Schenkende, der sich Hingebende; und dies stellt ihn in die Nähe Gottes.

Denn Gott ist der sich Mitteilende schlechthin. In der menschlichen Geburt Jesu hat er sich uns ganz mitgeteilt. „Seht her, so bin ich ...", sagt uns diese Geburt, „einer von euch, nicht einer, der euch dreinreden will, sondern der an euren Sorgen und Nöten teilnehmen will. Einer, der eure besten Kräfte in euch wecken will, damit ihr nicht wie der alte Adam und die alte Eva meint, euch euer Paradies selbst machen zu müssen, sondern zur Einsicht kommt, daß sich dem, der sich beschenken läßt und der selber sein Leben teilt und verschenkt, die Türen zum Paradies wieder öffnen."

Frohe Botschaft für alle Völker

Der Weihnachtsbaum ist, wenn man ihn so betrachtet, ein sprechender Baum, der uns die Botschaft von Weihnachten mit der ganzen Kraft seiner Symbolik ins Herz tragen möchte. Vielleicht hätte ihn sogar der heilige Bonifatius in dieser Form als Mittel der Mission eingesetzt – wenn er ihn gekannt hätte.

Als ich im vorigen Jahr wenige Tage vor Weihnachten in Kamerun war, staunte ich jedenfalls nicht schlecht, als mir ein dort tätiger Missionar aus unserem Bistum erzählte, daß er in seiner Buschpfarrei in diesem Jahr das erstemal einen Weihnachtsbaum aufstellen werde. Ein Tannenbaum werde es zwar nicht sein, aber ein Baum mit Lichtern darauf und mit symbolischem Schmuck. Und vielleicht, so denke ich, hören jetzt die Christen in seiner Pfarrei eine ähnliche Botschaft wie diese. Denn nicht nur uns, allen Völkern ist heute der Erlöser geboren.

105

IV

Menschwerdung des Menschen

Gott würdigt den Menschen

Allmächtiger Gott,
du hast den Menschen
in seiner Würde wunderbar erschaffen
und noch wunderbarer wiederhergestellt.
Laß uns teilhaben an der Gottheit deines Sohnes,
der unsere Menschennatur angenommen hat,
Jesus Christus, der in der Einheit des Heiligen Geistes,
mit dir lebt und herrscht in Ewigkeit.

(Tagesgebet von Weihnachten)

Was ist der Mensch?

Der Blick der Weltraumfahrer auf die Erde hat
sich uns eingeprägt: Unser blauer Planet mitten
im schwarzen Weltraum. Zum ersten Mal haben
wir die ganze Erde vor Augen, nicht nur in unseren Träumen und inneren Bildern, sondern
handgreiflich. Kaum etwas kennzeichnet unser
Jahrhundert so nachhaltig wie dieser Blick auf
das Ganze. Schwindelerregend – der Mensch im
All. Ein Himmelsstürmer? Hängt er in der Luft?
Verliert er sein spezifisches Gewicht? Wodurch
erhält er sein Gewicht, seine Würde? Was ist der
Mensch ...? „Ein Nichts gegenüber dem All, ein
All gegenüber dem Nichts", sagt der große Christ
und Wissenschaftler Pascal am Beginn der Neuzeit.

„Was ist der Mensch, daß du an ihn denkst, des Menschen Kind, daß du dich seiner annimmst?", so fragt der Psalm (8,5). Das Tagesgebet in diesem Weihnachtsgottesdienst gibt uns die Antwort: „Gott, du hast den Menschen in seiner Würde wunderbar erschaffen ..." Der Mensch verdankt sich nicht selbst. Er ist Gottes Werk, Gottes Ebenbild. Sein Gesicht bekommt er nicht, indem er in den Spiegel schaut und sich selbst reflektiert, sondern indem er sich von Gott anschauen läßt und dadurch Ansehen bekommt, Würde. Und wenn er sich diesem Anblick Gottes entzieht und sich selbst bespiegelt? Dann verliert er sein Ansehen, dann entwürdigt er sich selbst. Eben das ist *der* Sündenfall von Adamszeiten her: Der Mensch, der Gott den Rücken kehrt und sich selbst genügt, ruiniert seine Würde, ist unter seiner Würde. Ist's jenseits von Eden aus mit der Menschenwürde?

Menschenwürde – Gottes Geschenk

Gott hat die Würde des Menschen gerettet. Er hat sie – sagt unser Weihnachtsgebet – „noch wunderbarer wiederhergestellt". Wie denn? Das ist das Geheimnis von Weihnachten. Gott hat den Menschen so gewürdigt, daß ER einer von uns geworden ist. Gibt es eine stärkere Würdigung, als – wie das Gebet es sagt – teilzuhaben an der Gottheit Jesu, „der unsere Menschennatur angenommen hat". Darin liegt unsere ganze „Dignität".

Kann man Größeres vom Menschen sagen? Christen lassen sich von niemandem darin übertreffen, groß vom Menschen zu denken. Lange bevor sich der Begriff Menschenwürde in unserer Gesellschaft herausgebildet hat und in Gesetze eingegangen ist, ist hier der Ursprung unserer Würde grundgelegt und zur Sprache gebracht. Dabei verschweigen wir nicht, daß sich unsere Kirche im Prozeß der Neuzeit nur zu oft der Idee der Menschenrechte und Menschenwürde widersetzt hat. Leider – wo sie doch deren Vorkämpferin hätte sein sollen. Denn diese Idee hat ihre Wurzeln nicht nur in der Vernunft, sondern nicht zuletzt im christlichen Glauben. Die Vernunftgründe sind uns im Laufe unserer abendländischen Geschichte nicht von ungefähr aufgegangen, sie sind vom Glauben inspiriert. Da heißt es dann nicht nur: „Ich denke, also bin ich", sondern vor allem: „Ich glaube; ich bin von Gott geliebt, also bin ich." Da liegt der wahre Grund unserer Menschenwürde.

Kein Verhandlungsspielraum

Diese Würde ist unantastbar. Warum eigentlich? Ist das eine Absprache, ein Übereinkommen unter uns Menschen, eine Art Gesellschaftsvertrag? Verträge sind kündbar, selbst die, die Menschenrecht und Menschenwürde betreffen. Das haben wir erlebt vor gar nicht allzu langer Zeit, daß bestimmten Menschen die Würde abgesprochen wurde, weil sie behindert sind oder einer be-

stimmten Rasse angehören. Da heißt es einfach:
„unwert"! Viele Namen stehen für einen offenen
oder versteckten Vertragsbruch in Sachen Menschenrecht und Menschenwürde.

In diese unsere brüchige Geschichte hat Gott
den Namen Jesus eingeschrieben. Durch die
Menschwerdung seines Sohnes hat er einen
Bund mit unserer Menschennatur geknüpft, den
er auf Golgota mit seinem Blut ein für allemal be-
siegelt hat. Dieser Bund ist seinerseits unkünd-
bar. Weil die Würde des Menschen in ihm
gegründet ist, ist sie dem Zugriff der Mitmen-
schen entzogen, wirklich unantastbar.

Wer Gott als zu fern, zu unsicher und für ihn
unwichtig ausklammert und sich statt dessen
dem Nächstliegenden zuwendet, erniedrigt letztlich sich selbst. Der Verlust Gottes hinterläßt
eine unendliche Leere. Ohne den Himmel über
uns gerät die Erde ins Wanken. Wenn uns Gott
nicht mehr würdigt, wer denn dann? Was bleibt
dann noch von unserer Würde? Ist sie ein Produkt der Entwicklung, der Umwelt, der Verhältnisse? Wer die Umwelt und die Verhältnisse
manipulieren kann, wird dann auch den Menschen und seine Würde manipulieren. Dann ist
es aus mit der Unantastbarkeit. Dann wird ange-
tastet: vor der Geburt und nach der Geburt, bis
zum Lebensende, allemal auf Kosten der Schwa-
chen. Dann ist der Weg frei für die, die über Lei-
chen gehen. – Spätestens da hört's auf mit der
Gemütlichkeit an Weihnachten. Da heißt es
Farbe bekennen, daß die Würde jedes Menschen

und aller Menschen im Namen Jesu Christi unantastbar ist und bleibt.

Würde ohne Abstufungen

Jedes Menschen! Also nicht nur die Würde der
sogenannten Würdenträger. Ein Spezifikum der
Würdigung Gottes ist nicht so sehr das „Hoch-
würden", sondern die Würde derer, die tief drin
sitzen, deren Würde auf den ersten Blick gar
nicht so leicht zu erkennen ist. Gott lenkt unsere
Aufmerksamkeit dorthin, wo ein Kind schreit,
wo Menschen auf der Flucht sind wie Maria und
Josef, ausgegrenzt werden, herumgeschoben
oder abgeschoben „wie die letzten Menschen".
Gerade die werden Erste. Die würdigt Gott, die
ersten Adressaten seiner Botschaft und Zuwendung zu sein.

„Das Licht leuchtet in der Finsternis ..." (Joh
1,5). Alle sollen sehen: Die im Dunkeln, auf der
Schattenseite des Lebens haben ein Gesicht, haben Ansehen und Würde. Jeder Mensch und alle
Menschen sind Gottes Ebenbild. Das ist eine
neue Perspektive, nicht mehr Rücken gegen Rük-
ken, Ellenbogen gegen Ellenbogen, Erste Welt
gegen Dritte Welt, Einheimische gegen Ausländer, sondern wir schauen uns an von Angesicht
zu Angesicht, von Mensch zu Mensch: Mensch
Schwester, Mensch Bruder! Mensch, erkenne
deine Würde und die Würde der anderen.

Der Blick des Weltraumfahrers auf die Erde
kennzeichnet unser Jahrhundert: Faszinierend
und herausfordernd in der Verantwortung für
das Ganze. Werden wir dieser Verantwortung
gerecht? Oder verlieren wir den Boden unter den
Füßen? „Bei Gott hat seine Stelle das menschliche
Geschlecht", so endet das Weihnachtsoratorium
von Johann Sebastian Bach. In Gott haben wir festen Boden unter den Füßen, da können wir auf-
recht stehen.

„Allmächtiger Gott, du hast den Menschen
in seiner Würde wunderbar erschaffen
und noch wunderbarer wiederhergestellt.
Laß uns teilhaben
an der Gottheit deines Sohnes,
der unsere Menschennatur angenommen hat."

Macht's wie Gott: Werdet Mensch!

Das Wort ist Fleisch geworden und hat unter uns gewohnt." Menschwerdung Gottes. Gott wird Mensch, der Mensch nicht Gott. Gott wird Mensch, damit wir Mensch bleiben, Mensch werden. „Macht's wie Gott: Werdet Mensch!" las ich auf einem Aufkleber – das Wort gibt zu denken. „Macht's wie Gott: Werdet Mensch!" Ein Schüler schrieb mir jetzt zu Weihnachten: „Sie wurden Bischof, Gott wurde Mensch. Versuchen Sie, den Spuren Gottes zu folgen." Ich mußte lange darüber nachdenken ...

„Macht's wie Gott: Werdet Mensch!" Was soll das heißen: „Werdet Mensch!"? Mensch, der müssen wir doch nicht erst werden, der sind wir ja immer schon. Wirklich? Was ist mit all den Unmenschlichkeiten in uns, um uns, in der ganzen Welt? Fast bekommt man den Eindruck, daß diese Unmenschlichkeiten von Jahr zu Jahr zunehmen. Ich brauche sie jetzt gar nicht aufzuzählen. Jeder von uns weiß ein Lied davon zu singen. Was ist nur los mit der Welt? Ist sie noch zu retten?

Unser Drang nach Unabhängigkeit

„Macht's wie Gott: Werdet Mensch!" – Man kann die Situation unserer Welt wohl kaum verstehen, wenn man nicht wahrnimmt, daß in ihr, in uns ein Drang steckt, der der Bewegung Gottes zuwiderläuft. Gott wird Mensch. Der Mensch möchte im Grunde nicht nur Mensch sein, er möchte wie Gott sein. Das ist die gegenläufige Tendenz, sie sitzt uns von Adam und Eva her in den Knochen. Die Ursünde: sein wollen wie Gott.

Sie kann sich von Zeit zu Zeit anders tarnen. „Selbstverwirklichung", sagt man heute. Der Mensch will unabhängig sein, er nimmt sein Schicksal selbst in die Hand: Selbst ist der Mann, und selbst ist die Frau. „Wir machen das bißchen schon!" Wir schaffen das schon selbst mit der Welt. Wir nehmen das Schicksal der Geschichte selbst in die Hand. Können wir es tragen? Ob wir uns nicht gefährlich überheben?

Was ist, wenn der Mensch in vermeintlichem Drang nach Unabhängigkeit sich Gott entzieht? Ohne Halt im Absoluten, absolut ungesichert, verlangt er von sich selbst das Absolute: Er gebärdet sich wie Gott. „Gotteskomplex" hat ein bekannter Psychoanalytiker unserer Tage das genannt (H.-E. Richter): der Wahn, die Besessenheit, wie Gott zu sein. „Wir machen das schon!" Wir werden schon mit der Welt fertig – allerdings! Gotteskomplex.

Die Folgen

Der Mensch, der im letzten nicht gehalten ist, der Gott nicht mehr im Rücken hat, dem sitzt die Angst im Nacken. Die Angst treibt ihn immer höher hinaus. Er muß sich selbst legitimieren, er muß sich selbst und anderen beweisen, daß er wer ist, daß er nicht untergeht. Angstbesessen treibt er nach vorn. Eine Zeitlang haben wir dieses mörderische Unternehmen „Fortschritt" genannt, heute sind wir damit vorsichtiger geworden. Was schreitet hier fort? Was ist da fortgeschritten? Ist die Menschlichkeit fortgeschritten oder die Unmenschlichkeit?

Der Mensch mit dem Gotteskomplex, besessen von dem Größenwahn, wie Gott zu sein, wird im wahrsten Sinne des Wortes un-mensch-lich. Am Anfang dieses wahnwitzigen Treibens steht der Drang zur Autonomie und Selbstverwirklichung, und am Ende steht die Selbstvernichtung. – Das hat es noch nie auf der Erde gegeben, das hat erst unsere Generation fertiggebracht: Die Menschheit ist durch Menschen vernichtbar geworden. Soweit sind wir gekommen. „Der Tag ist nicht mehr weit", sagte Teilhard de Chardin (vor nunmehr fünfzig Jahren!), „der Tag ist nicht mehr weit, an dem die Menschheit wählen kann zwischen Selbstmord und Anbetung." In der Tat, der Tag ist nicht mehr weit. Er ist da.

Wir können wählen

Was wählen wir? Wählen wir die Anbetung? Dazu sind wir eingeladen, in jedem Gottesdienst. Die Anbetung soll zur Grundhaltung unseres Lebens werden. Wir sind eingeladen zu einem Leben, das Gott die Ehre gibt. Das ist der Weg, den un-menschlichen, selbstmörderischen Gotteskomplex zu durchbrechen und Mensch zu werden. „Macht's wie Gott: Werdet Mensch!" Ein Mensch, der die Grenzen seines Menschseins anerkennt und Gott die Ehre gibt.

Ob es für die Menschheit einen anderen Weg gibt, dem Selbstmord zu entgehen? Der Friede, von dem dies Weihnachtsevangelium spricht, hat eine Voraussetzung: „Ehre Gott in der Höhe." Der Mensch, der sein Menschsein anerkennt und Gott die Ehre gibt, er wird dem Frieden in der Welt dienen. Das ist der Friedensdienst der Glaubenden. Wir sind zuallererst als Glaubende gefragt, als Menschen, die vom Größenwahn des Gotteskomplexes befreit sind und ihr Mensch-Sein bejahen. „Macht's wie Gott: Werdet Mensch!"

Gott wird Mensch, um die Menschen davon abzubringen, Gott gleich werden zu wollen. Gott wird Mensch – der Mensch nicht Gott. Gott begegnet dem Menschen, der sein will wie Gott, in dem, der ganz Mensch sein will. „Und das Wort ist Fleisch geworden und hat unter uns gewohnt": Menschwerdung!

117

Gott: den Ärmsten Bruder und Schwester

Einer von uns ist er geworden, in der entwaffnenden Menschlichkeit eines Kindes. In unsere Welt ist er gekommen, dorthin, wo wir sind, dorthin, wo Futterkrippen stehen, dorthin, wo man hungert und friert, wo man abgewiesen wird und allein dasteht, dorthin, wo es Sünder und Sünderinnen gibt, Aussätzige und verlorene Söhne. Dorthin ist er gekommen. Er hat den Erweis seiner Göttlichkeit nicht dadurch erbringen wollen, daß er von oben herab mit majestätischem Wink alles regelt, sondern so, daß er auch den Ärmsten noch Bruder und Schwester wurde. – „Macht's wie Gott: Werdet Mensch!"

Ein Licht geht auf

Mensch, da geht dir ein Licht auf! Das Licht, von dem das Evangelium spricht, das in der Finsternis leuchtet. Ein jüdischer Weiser fragt seine Schüler: „Kann man den Augenblick bestimmen, wo die Nacht zu Ende ist und der Tag anbricht?" Der erste Schüler fragt: „Ist's, wenn man in der Ferne einen Feigenbaum von einer Palme unterscheiden kann?" – „Nein", sagt der Weise, „das ist es nicht." – „Ist's", fragt der zweite, „wenn man ein Schaf von einer Ziege unterscheiden kann; ist das der Augenblick, wo die Dunkelheit weicht und der Tag anbricht?" – „Nein", sagt der Weise, „das ist es nicht." – „Aber wann ist denn dieser Augenblick gekommen?" – „Wenn du", sagt der

Weise, „in das Gesicht eines Menschen schaust
und darin den Bruder oder die Schwester ent-
deckst. Dann ist die Nacht zu Ende, dann bricht
der Tag an."

Mensch, da geht mir ein Licht auf! Das Licht,
das uns in Jesus, dem Bruder der Menschen, aufgegangen ist, damit wir in den vielen Gesichtern
neben uns und über den Ozean hinweg den Bruder, die Schwester entdecken. Gebe Gott, daß
uns ein Licht aufgeht. Gebe Gott, daß uns sein
Licht aufgeht.

Gottes Menschenliebe

Alle Jahre wieder feiern wir Weihnachten. Alle Jahre wieder ..., immer das alte Lied, immer das gleiche Bild: Weihnachtsschmuck in den Straßen und Geschäften, Weihnachtslieder im Rundfunk, in der Kirche und in der Familie, Weihnachtsbäume, Krippen und übervolle Gabentische, alle Jahre wieder ...

Weihnachten ist uns vertraut. Wir haben unseren Stil entwickelt, das Fest zu feiern. Dazu gehört für die meisten das „Stille Nacht", das „Transeamus" oder das Weihnachtsoratorium von Bach, dazu gehört der Christbaum, der Christstollen und schließlich auch das Christkind in der Krippe, und für viele gehört dazu die Feier in der Kirche. Das alles gehört dazu, es stellt sich ein, wenn Weihnachten kommt, wie selbstverständlich, als könnte es gar nicht anders sein. Wir haben das Fest selbst in die Hand genommen. Wir feiern unsere Weihnacht, sagen wir, *unsere* Weihnacht. Und schließlich feiern wir nur noch uns selbst.

Gott liebt die Menschen

Das ist nicht der Sinn von Weihnachten. Es geht hier zunächst gar nicht um das, was wir tun, es geht darum, was Gott getan hat. „Die Güte und

Menschenliebe Gottes, unseres Retters, ist uns erschienen." Das steht am Ursprung von Weihnachten: Die Menschenliebe Gottes ist uns erschienen. Sie kommt nicht aus uns, sondern zu uns. Wir haben sie nicht gemacht, sondern empfangen. Gott hat sich uns zugewendet. Weil das wahr ist, darum feiern wir Weihnachten.

Gott liebt die Menschen, er sagt ja zu uns. Jesus Christus ist das Ja Gottes zum Menschen und zur Erde. In ihm tritt Gott neben uns in unsere Welt; er stellt sich auf unsere Seite, begegnet uns von Mensch zu Mensch.

Und was ist das für eine Welt, in die er eintritt! Die Bibel macht sich und uns da gar nichts vor. Es ist die Welt, in der damals Augustus herrschte, in der heute die großen Zwei oder Vier den Ton angeben. Es ist die Welt mit Afghanistan und Südafrika; in dieser unserer Welt liegt die Stadt Betlehem.

In unsere Welt ist er gekommen, dorthin, wo wir sind, wo Menschen hungern und frieren, einsam sind und ausgestoßen, wo man Gerechte verhöhnt und kreuzigt. In diese unsere Welt ist er gekommen. Gott hat sich wahrhaft als Gott erwiesen, nicht dadurch, daß er von oben herab alles regelte, sondern so, daß er in Jesus auch den Ärmsten Bruder wurde und ihre Last teilte. *So* ist die Menschenliebe Gottes erschienen.

Die Chance der Liebe

Dadurch ist etwas geschehen in unserer Welt. Eine neue Möglichkeit ist uns geschenkt, die Chance der Liebe. Ich meine, man könnte in diesen Tagen etwas davon merken, daß sich unser Leben für Augenblicke ändert und in aller Welt eine neue Bereitschaft erwächst, es noch einmal mit der Liebe zu wagen. Wir tun Dinge, die sonst schier unmöglich scheinen. Menschen, die sich sonst nicht sehen können, schauen sich an. Sie hatten es längst aufgegeben: Ein hoffnungsloser Fall! Und nun reichen sie sich die Hand. Vertrauen bricht auf zwischen Menschen, die sich lange genug mit ihrem Mißtrauen gepeinigt haben. Kinder und Eltern, vielleicht durch einen Graben von Mißverständnissen getrennt, springen über den Graben und beschenken sich – mit Sachen und mit sich selbst. Da sind in der Bekanntschaft oder Nachbarschaft einsame Menschen. Sie sitzen Tag für Tag, Abend für Abend allein in ihren vier Wänden. Sie freuen sich nicht auf Weihnachten, sondern haben Angst. Und nun geht uns auf einmal auf: Mensch, du könntest sie ja einladen, du könntest ja zu ihnen hingehen. – Eigenartig: Der Briefträger wird nicht wortlos an der Tür abgefertigt. Und selbst die Leute von der Müllabfuhr: Nur allzuoft betrachten wir sie praktisch als Menschen zweiter Klasse, und jetzt reichen wir ihnen die Hand und beschenken sie. Was geschieht da?

Da steht nicht hier der Akademiker und dort

der Hilfsarbeiter, man spricht von „Mensch zu Mensch"; Direktoren und Angestellte, Einheimische und Ausländer begegnen einander „von Mensch zu Mensch".

Den Sprung wagen

Das ganze Jahr über igeln wir uns ein in einen Käfig von Konventionen und achten auf unsere Position. Und nun kann es in diesen Tagen geschehen, daß wir die Mauern, uns selbst überspringen und Mensch unter Menschen sind. Ist das nicht großartig, daß so etwas möglich ist?

Sie werden vielleicht sagen: gut und schön; aber bleiben Sie doch auf dem Teppich, das Ganze ist nur ein Rausch. Spätestens am 2. Januar ist alles vorbei. Es bleibt doch alles beim alten. Ich frage Sie: Muß das sein? Müssen wir in dieser müden, resignierenden, hoffnungslosen und gottlosen Art verharren, die alles beim alten läßt und vor der Macht der Gewohnheit kapituliert? Wir sehen doch: Es geht anders, offensichtlich! Wir staunen oft über uns selbst: Es kann gelingen, daß wir über unseren Schatten springen. Laßt uns diesen Sprung wagen. Weihnachten gibt uns Mut dazu. Denn die Menschenliebe Gottes ist uns erschienen. Sie ist erschienen, damit die unmenschliche Welt menschlicher werde, damit wir Menschen unter Menschen sind.

Das Leben gehört
an die große Glocke

Was wäre Weihnachten ohne die Glocken. „Süßer die Glocken nie klingen …" Seit Ende November haben wir dieses Lied hundertfach auf den Weihnachtsmärkten und in den Kaufhäusern gehört. Wer am Heiligen Abend auf dem Frankfurter Römerberg steht, dem dringt das kraftvolle Stadtgeläut durch Mark und Bein. Das süßliche Gebimmel des Weihnachtsmarktes ist verstummt, jetzt haben die Glocken das Wort.

Sie läuten das Fest der Geburt Christi ein. Gott kommt zur Welt. Das Kind in der Krippe ist der Inbegriff des Lebens. Zu Weihnachten geht es ums Leben, um das Leben in seiner ganzen Ursprünglichkeit, um den Ursprung des Lebens in Gott. Deshalb gehört das Leben an diesem Tag an die ganz große Glocke: Freude über alles, was lebt, Leben schenkt und schützt; Protest gegen alles, was dem Leben an den Kragen will und es kaputtmacht.

Fehlstart?

Um das Leben stand es schlecht damals in Betlehem. Verzweifelt sucht da ein Mann für seine hochschwangere Frau ein Zimmer, in dem sie ihr Kind zur Welt bringen kann. Daß ein Kind zur Welt kommt, war für diesen Tag in Betlehem

nicht vorgesehen. Das paßte den Leuten nicht in ihren Kram. Für Maria und Josef und für Jesus blieb ein schäbiger Stall. Von Romantik keine Spur. Es fehlte an allem. Nach unseren Maßstäben hat Gott einen Fehlstart ins Leben. Jesu Geburt läßt die „Schwäche" Gottes erkennen. Er hat eine Schwäche für uns Menschen. Er verläßt sich in Betlehem nicht auf gesicherte Strukturen, sondern einzig und allein auf zwei Menschen, die bereit sind, ihn in ihr Leben hineinzulassen, ihn als Kind anzunehmen.

Kleine Schritte

Ein Kind – was ist das schon? Der lästige, leider nicht zu umgehende Anfang menschlichen Lebens? Wir möchten gern fertige Menschen, wie aus dem Ei gepellt, ein Leben ohne Zwischenfälle und Enttäuschungen. Wir möchten große Sprünge machen statt (wie die Kinder) kleine Schritte; dafür haben wir keine Zeit. Wo wir das Kind verdrängen, vergessen wir, daß das Leben klein beginnt, angewiesen auf Liebe und Zuneigung. Auch wenn wir innerlich wachsen, fängt es klein an, wir merken es kaum. Deshalb erstickt so viel Neues in uns, weil wir ihm keinen Raum geben. Wir lassen das innere Wachsen in kleinen Schritten nicht zu und setzen um so mehr auf äußeres Wachstum: immer mehr, immer größer, immer besser. Erstaunlich genug: Am Anfang unseres Daseins steht das Empfangen. Unser Leben ist mehr Gabe als Werk, mehr Geschenk als

Tat. Es verdankt sich nicht unserer Leistung, sondern Gott. Sein Ebenbild sind wir.

Menschenwürde

Kann man größer vom Menschen denken? Christen lassen sich von niemandem darin übertreffen, groß vom Menschen zu denken, unter Berufung auf Weihnachten, auf die Menschwerdung Gottes. Weil das so ist, darum treten wir für das Leben ein. Der Mensch, ob geboren oder ungeboren, ist unserer Verfügung entzogen. Es gibt nur einen Herrn über Leben und Tod. Wir sind's nicht. Das Leben steht nicht zu unserer Disposition, weder am Anfang noch am Ende, noch überhaupt. Wir sind keine Herrgötter. Aber Töchter und Söhne Gottes sind wir, so wahr Jesus unser Bruder geworden ist. Darin ist unsere Menschenwürde begründet, darum dürfen wir sie nicht antasten.

Wir haben allen Grund, diese Botschaft an die große Glocke zu hängen. Christen sind keine Notare des Zeitgeistes oder der öffentlichen Meinung. Sie wissen, was die Stunde geschlagen hat: Alles steht auf dem Spiel, wenn es ums Leben geht, erst recht, wenn es ans Leben geht.

Himmlische Ruhe – höllischer Lärm

Wenn es nur einmal so ganz stille wäre.
Wenn das Zufällige und Ungefähre
verstummte und das nachbarliche Lachen,
wenn das Geräusch, das meine Sinne machen,
mich nicht so sehr verhinderte am Wachen –:
dann könnte ich in einem tausendfachen
Gedanken bis an den Rand dich denken
und dich besitzen (nur ein Lächeln lang),
um dich an alles Leben zu verschenken
wie einen Dank.   (R. M. Rilke)

Wenn es nur einmal so ganz stille wäre." Kennen wir diese Sehnsucht, die R. M. Rilke in seinem Gedicht ausdrückt? Geschrieben wurden diese Verse am Ende des vorigen Jahrhunderts. Am Anfang jenes Jahrhunderts gab es noch Gesetze gegen das Peitschenknallen, gegen Pferdehufe auf Kopfsteinpflaster, ja sogar gegen die Geräusche, die hohe Absätze von Damenschuhen verursachen. Aber im Laufe desselben Jahrhunderts begann die technische Revolution mit Eisenbahnen, Autos, Flugzeugen und anderen Maschinen einen gewaltigen Lärmteppich über die Welt auszurollen. Er ist inzwischen immer dichter und breiter geworden.

Lärm macht Angst

So allgegenwärtig ist dieser Lärmteppich, daß wir seine Existenz meist gar nicht mehr wahrnehmen. Dennoch ist er da und wirksam. Denn die Ausblendung des Lärms aus unserem Bewußtsein ist ein rein psychologischer Effekt. Faktisch bewirkt der Lärm dennoch einen erhöhten Adrenalinspiegel, dadurch Bluthochdruck, also eine ständige Alarmbereitschaft des Körpers. Lärm putscht auf, wie das Dröhnen in der Diskothek. Lärm macht aggressiv, wie das Kriegsgeschrei vor der Schlacht. Und von daher hat der Lärm auch seinen Namen: Vom ‚Alarm', das vom italienischen „all'arme" abgeleitet ist, „zu den Waffen". Das Jahrhundert, das den meisten Lärm produziert, hat auch die meisten Kriegstoten zu verantworten.

Lärm und Aggressivität liegen so nah beieinander wie Lärm und Angst. Sei es die Angst, die der Lärm z.B. des Donnerrollens in uns auslöst, oder sei es der Lärm, den jemand macht, um anderen Angst einzujagen. Deshalb ist der Lärm auch stets ein Genosse der Macht und der Unterdrückung, zum Beispiel im Niederschreien des Gegners oder im Übertönen des anderen, bis er überhört wird und nichts mehr zu sagen hat. Wer Lärm machen kann mit seiner Stimme, mit seinen Maschinen (Lautsprechern) oder Kanonen, kann andere zum Schweigen bringen, mundtot machen.

Der Lärm von innen

Der Wunsch Rilkes „Wenn es nur einmal so ganz stille wäre" richtet sich jedoch nicht nur auf die äußere Stille. Der Dichter fährt fort: „Wenn das Geräusch, das meine Sinne machen, mich nicht so sehr verhinderte am Wachen –". Vielleicht ist der innere Lärm, der Nachhall der zahlreichen Sinneseindrücke, denen wir heute ausgesetzt sind, noch viel krankmachender und gefährlicher als der äußere Lärm. Vielen fällt es schon schwer, den äußeren Geräuschpegel abzuschalten. Wenn der Straßenlärm erlischt, müssen Fernseher, Radio und Walkman für die entsprechende Geräuschkulisse sorgen. Aber nur wenigen gelingt es, innerlich abzuschalten. Die Gedanken sind so bedrängend, so laut und wirr, daß die äußere Stille als bedrohlich erlebt wird, denn sie macht den inneren Lärm offenbar. Es trifft wohl auf die meisten von uns zu, was der Philosoph Pascal zu Beginn der Neuzeit formulierte: „Wenn ich mich zuweilen damit beschäftigt habe, die vielgestaltige Unrast der Menschen zu betrachten, die Gefahren und Mühsale, denen sie sich aussetzen: am Hofe, im Kriege, woraus so viele Streitigkeiten, Leidenschaften, kühne und oft böse Unternehmungen entstehen, habe ich entdeckt, daß das ganze Unheil der Menschen aus einer einzigen Ursache kommt: nicht ruhig in einem Zimmer bleiben zu können."

Äußerer Lärm, innerer Lärm – sie machen uns nervös und aggressiv, sie besetzen unsere Gedanken und unser Fühlen. Sie bringen uns ganz durcheinander, so daß wir gar nicht mehr zu uns selbst kommen. „Diabolos" heißt der Durcheinanderbringer auf griechisch. Höllenlärm sagen wir, wenn es richtig laut wird. Angst, Krieg und Unterdrückung – das ist die Hölle, das macht höllischen Lärm.

Gott kommt in der Stille

Welcher Gegensatz dazu die Botschaft des Weihnachtsfestes:

> „Als tiefes Schweigen das All umfing
> und die Nacht bis zur Mitte gelangt war,
> da stieg dein allmächtiges Wort, o Herr,
> vom Himmel herab."   (Weish 18,14–15)

Gott kommt im Schweigen zur Welt, in der Mitte der Nacht, wenn es ganz still geworden ist – das bekennen wir in der Liturgie des Weihnachtsfestes. Er kommt nicht mit lauten Fanfaren wie die Herrscher dieser Welt. Er verschafft sich nicht Gehör mit Ausrufern und Lautsprechern. Das Wort Gottes ergeht in der Stille.

Bereits der Prophet Elija mußte diese Erfahrung machen, als er auf dem Weg zum Horeb in der Wüste Gott begegnete. Gott war weder im Sturm noch im Erdbeben oder im Feuer, in den mächtigen Naturerscheinungen, die wir gleich mit dem Allmächtigen in Beziehung bringen. Der Prophet vernahm die Stimme Gottes viel-

mehr in einem sanften, leisen Säuseln des Windes.

Die Geburt Jesu in Betlehem ist ein solches Ereignis. Gott kommt zur Welt ganz leise, unscheinbar, als kleines Kind. Nur wahrnehmbar für die, die nicht Ohren und Kopf voll haben mit Lärm und Unruhe. Die Hirten sind Menschen, die schweigen und in die Stille der Nacht hinaushören können. Sie sind die ersten, die wahrnehmen, wer dort die Erde betreten hat. „Man vermag dem Wort nicht besser als mit Schweigen und Hören zu dienen", sagt der Mystiker Tauler. Für das Unfaßbare ist Schweigen das beredteste Zeugnis.

„Stille Nacht – heilige Nacht", singen wir. Ob wir selbst stille werden können in diesen Tagen? So wie die Hirten, wachend und lauschend. Meister Eckhart, ein anderer Mystiker, betrachtet das Stillewerden als die Grundvoraussetzung dafür, daß Gott in uns zu Wort kommen, daß er in unserer Seele geboren werden kann. Ob es uns gelingt, diese Ruhe zu finden? Keine tote Ruhe, keine Friedhofsruhe, sondern eine Ruhe, die auf das göttliche Wort wartet und sich von ihm ansprechen läßt. Eine „himmlische Ruhe".

V

Zeitenwende – Jahreswende

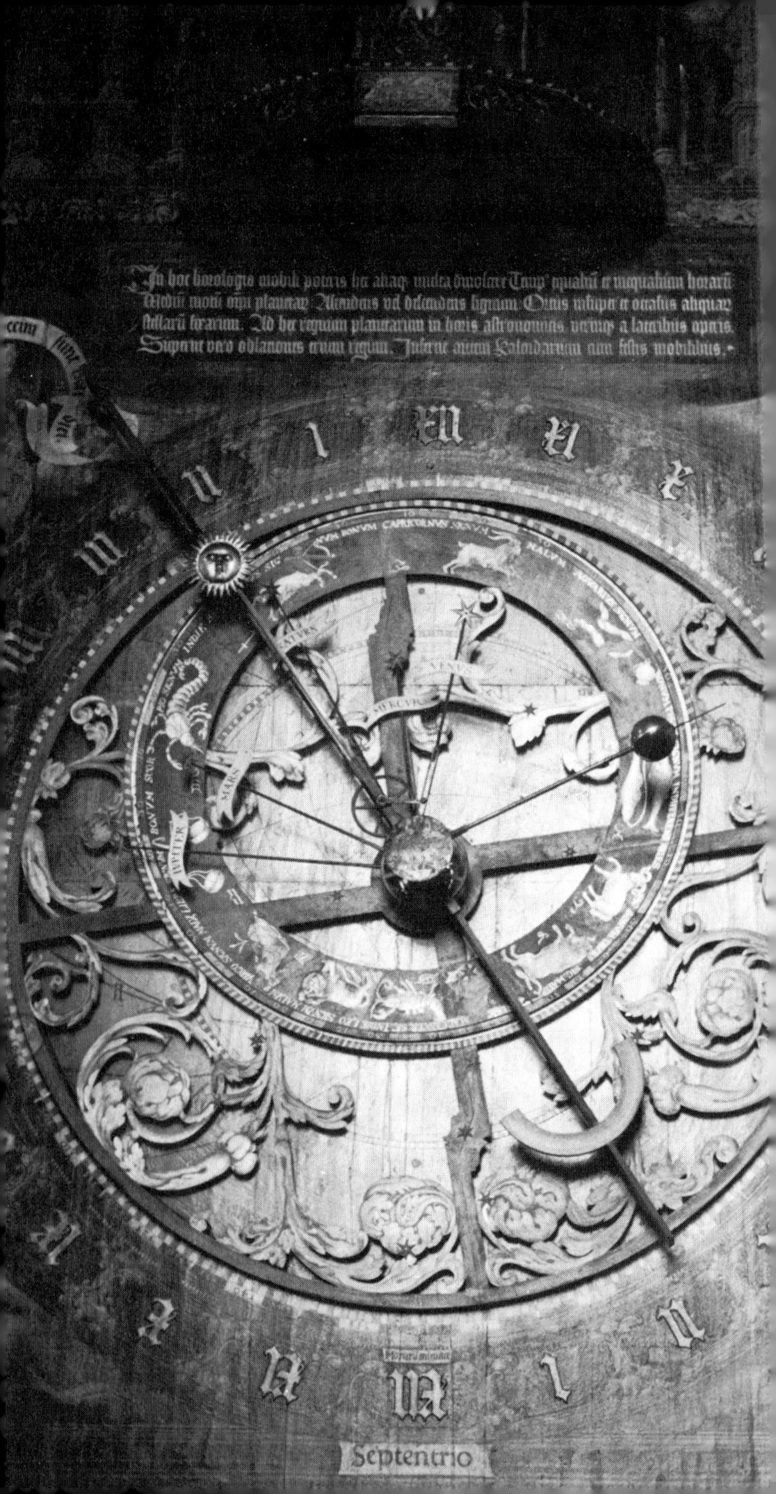
MARS
VENVS
Septentrio

Wo Zeit zu finden ist

Etwa um die Zeit, als der Frankfurter Dom gebaut wurde, kamen die Menschen auf eine neue Idee: Sie wollten genau wissen, wie spät es ist. Bis dahin hatten sie sich mit Sonnenuhren, mit Wasseruhren und Sanduhren zufriedengegeben. Jetzt wurden sie neugierig, was die Stunde geschlagen hat. 1309 wird in Mailand die erste mechanische Uhr montiert. Bald darauf hat jede Stadt ihren öffentlichen Zeitmesser am Kirchturm. Eine neue Zeit kündigt sich an, die „Neuzeit".

Eine Uhr haben

Die Uhr hat das Leben verändert. Der Mensch lernt, die Zeit genau einzuteilen und vorauszuberechnen, zu planen. Wir können heute ohne Uhr nicht mehr leben. Die Entwicklung unserer modernen Gesellschaft, die Entwicklung der Wirtschaft ist ohne Uhr nicht zu denken. Die Meßinstrumente sind immer perfekter geworden (erschütterungsfrei und annähernd absolut genau: Quarz- und Digitaluhren), die Kalender immer wichtiger. Zeit ist Geld.

Jeder Gewinn kostet seinen Preis. Es ist wie mit der eigenen Uhr: Wenn man zur Erstkommunion die erste Uhr bekommt, ist man stolz: Ich habe eine eigene Uhr! Später merkt man auf ein-

mal mit Schrecken: Die Uhr hat mich! – Unser
Leben ist dem Schlag der Uhren unterworfen. Es
ist ein Stück weit aus dem organischen Wechsel
der Tages- und Jahreszeiten herausgenommen
und in ein immer gleiches, mechanisches Zeitsy-
stem eingespannt. Das hat Folgen. Die Mechanik
der Uhr färbt ab.

Leben nach der Uhr?

Wir leben nach der Uhr. Unser Leben ist an die
Uhr gebunden und nicht selten von ihr beherrscht. „Dem Glücklichen schlägt keine
Stunde ...", sagen wir. Uns schlagen nicht selten
die Minuten. Das Leben kann dabei seine Unmit-
telbarkeit verlieren. Es wird zum Programm. Und
schließlich ist die Freizeit genauso vorprogram-
miert wie die Arbeitszeit: Wir schalten das Programm ein, es läuft ab, genau nach der Uhr und
wie ein Uhrwerk.

Wir leben nach der Uhr. Sie kann uns weisma-
chen, es gehe mit der Zeit immer so weiter, der
Zeitvorrat sei unbegrenzt. Dieses Bewußtsein
hat die Neuzeit geprägt: die Zeit ein gleichblei-
bendes Kontinuum! Eng damit verbunden ist die
Vorstellung, daß es mit dem Fortschritt immer so
weitergeht, und mit dem Wachstum. – Aber wir
machen doch ganz andere Erfahrungen, jetzt
zum Beispiel, in diesen Stunden. Ein Jahr geht zu
Ende. Jeder von uns hat heute ein Jahr mehr hinter sich, auf dem Buckel, und er hat ein Jahr weniger vor sich. Unsere Zeit ist befristet. Und nicht

nur unsere persönliche Lebenszeit. Die Zeit überhaupt hat Grenzen, wird ein Ende haben. Wie gehen wir mit diesen Erfahrungen um?

Zeit ist Geld, sagen wir. Mehr nicht? Macht das Geld (der Verdienst) den Wert der Zeit aus? Lebt die Zeit vom Geld? Und wenn kein Geld zu verdienen ist? Kann man sie dann nur noch totschlagen oder vertreiben? Die Zeit, in der es etwas zu verdienen gibt, nimmt immer mehr ab. Wird es uns gelingen, der Zeit Sinn zu geben, auch wenn sie kein Geld einbringt? Mehr denn je kommt es darauf an, daß wir nicht nur lernen und lehren, wie man zu Geld kommt, sondern wie man zu Sinn kommt. Wie kann die Zeit erfüllte Zeit werden?

Zeit haben

Was ist nur passiert in unserem Umgang mit der Zeit? Eigentlich müßten wir doch viel mehr Zeit haben als frühere Generationen: Die Lebenszeit ist verlängert, die Arbeitszeit verkürzt. Und doch heißt's auf Schritt und Tritt: „Keine Zeit!" Es gibt kaum ein Wort, das von den verschiedensten Leuten so gleichlautend gebraucht wird. Wir haben keine Zeit. Die Zeit hat uns.

Könnte es sein, daß wir so leben, wie wir Auto fahren: Die Augen voraus auf die Straße gerichtet, ein flüchtiger Blick in den Rückspiegel, so rasen wir nach vorn. Was um uns herum ist, nehmen wir kaum noch wahr. Wir sind immer schon beim nächsten oder übernächsten: Wenn ich meine Position erreicht habe, dann ... Wenn das Haus fertig ist, dann ... Wenn die Kinder erst einmal aus dem Gröbsten heraus sind, dann ...

Wer kommt schon ohne Terminkalender aus? Wochen im voraus stellen wir unsere Zeit mit Terminen zu, verkaufen unsere Zukunft. Die Bedeutung eines Menschen wächst in dem Maß, wie er „ausgebucht" ist (eine verräterische Wertvorstellung!). Wir gewöhnen uns an, Termine wahrzunehmen, und außer den Terminen nehmen wir schließlich nichts mehr wahr: nicht die traurigen Augen eines Mitarbeiters, das Zögern in seiner Stimme, das uns sagen könnte, daß das Wichtigste noch gar nicht ausgesprochen ist. Nirgendwo sind wir richtig da, immer auf dem Sprung zum nächsten Termin: zack-zack, dalli-dalli. – Die Zeit läuft weg, sagen wir. Läuft die Zeit weg? Oder laufen wir der Zeit weg, dem Augenblick, der uns jetzt zu leben geschenkt ist?

„Niemals halten wir uns an die Gegenwart", sagt Pascal. „Wir nehmen die Zukunft vorweg, als käme sie zu langsam ... Torheit, in den Zeiten umherzuirren, die nicht unsere sind, und die einzige zu vergessen, die uns gehört." „Jetzt ist immer die beste Stunde" (P. Claudel).

Ein Mönch wurde gefragt, wie er bei seinen vielen Beschäftigungen doch so gesammelt sein könne. Seine Antwort: „Wenn ich stehe, dann stehe ich. Wenn ich gehe, dann gehe ich. Wenn ich sitze, dann sitze ich. Wenn ich spreche, dann spreche ich ..."

Das tun wir doch auch, fielen ihm die Frage-

steller ins Wort. „Nein", sagte der Mönch, „wenn
ihr sitzt, dann steht ihr schon. Wenn ihr steht,
dann lauft ihr schon. Wenn ihr lauft, dann seid
ihr schon am Ziel ..."

Zeit schenken

Kann man die Haltung des Mönchs lernen, ein-
trainieren? Vielleicht ein Stück weit. Im letzten
hat sie etwas mit dem Glauben zu tun. Die Zeit
hat etwas mit dem Glauben zu tun, weil Gott etwas mit der Zeit zu tun hat.

Gott hat Zeit. Er hat sich Zeit gelassen, er hat
sich in die Zeit eingelassen. In Jesus Christus ist
er unser Zeit-Genosse geworden. Mit ihm ist die
Zeit erfüllt. Sie hat ihre Mitte gefunden. Daran
können wir uns halten. Wir brauchen nicht die
Flucht nach vorn anzutreten; wir brauchen nicht
vor der Gegenwart davonzulaufen. Er ist unser
Zeitgenosse, auch jetzt in dieser unserer Zeit, die
seine Zeit ist. „Der Herr wird denen entgegen-
kommen, die verstehen, in den Tag zu leben",
sagt Papst Johannes XXIII., „die ihre Pflicht tun in
Ruhe und Geduld, ohne sich den Kopf heißzu-
machen wegen der Dinge, die morgen oder in
Zukunft geschehen könnten."

Es gibt ein Wort des Propheten Jesaja, das
Martin Buber so übersetzt hat: „Wer vertraut,
wird nichts beschleunigen wollen" (Jes 28,16). Er
kann sich und anderen Zeit lassen (wie Gott uns
Zeit läßt). Er ist von dem Druck befreit, selber
den Himmel auf Erden schaffen zu müssen. Er

weiß, daß Gott in seinem Lebensvorrat noch mehr zu bieten hat als die kurze Spanne Lebenszeit. Darum muß er nicht in Hektik geraten, ja nichts zu verpassen. Darum muß er nicht die Flucht nach vorn antreten. Er kann sich gelassen der Gegenwart zuwenden.

Jesus hat nur kurze Zeit unter uns gelebt. Aber er hat diese Zeit gelebt wie jemand, der genug davon hat. Er hat sie unbesorgt verschenkt, so freigebig, daß er nun schon über Jahrhunderte Zeitgenosse unzählig vieler Menschen geworden ist und sein wird.

Das Beste, was wir mit der Zeit machen können? Wir können sie verschenken. Wir können anderen Zeit schenken: den alten Menschen, den Kindern. Zeit ist Geld? Zeit ist unbezahlbar. Zeit ist mehr Gabe als Geld, wir können sie zur Gabe machen. Sie kann eines der kostbarsten Geschenke werden. Denn mit der Zeit geben wir nicht etwas, sondern uns selbst.

Wo Zeit zu finden ist

An einem Kirchenportal fand ich die Inschrift: „Hier stößt Eile auf Zeit." Vielleicht kann man das in diesem Dom spüren, daß hier nicht nur Zeitgeschichte zu finden ist, sondern auch Zeit. Gott hat Zeit für mich, und indem ich mir Zeit lasse für ihn, lerne ich, daß die Zeit einen Ursprung hat, eine Mitte und ein Ziel. Wer Gott als den Herrn der Zeit bekennt, der ist nicht mehr ein Sklave der Zeit. Die Jahre vergehen. Gott ist im Kommen.

Franz Kamphaus im Verlag Herder

Was die Stunde geschlagen hat

Worte, die den Mut wecken

2. Auflage, 208 Seiten, Paperback.
ISBN 3–451–22084–9

In diesem Band sind rund 40 Texte zusammengefügt, die auf Gott schauen, ohne den Menschen zu übersehen, und die auf Zeitprobleme so eingehen, daß ihr wahres Gewicht vom christlichen Glaubensgespür ermessen wird. „Eine Sammlung von Predigten, die ungemein nachdenklich macht" (Kirchenzeitung Köln).

Was dir zum Frieden dient

3. Auflage, 128 Seiten, Paperback.
ISBN 3–451–19972–6

In einer eigenen unverwechselbaren Weise stellt dieses Buch die Frage, was Christen für den Frieden tun müssen. Mit der Radikalität des Glaubens versucht Franz Kamphaus auf das zu hören, was das Evangelium in der jeweiligen Situation fordert. „Ein leidenschaftlicher Friedensappell" (Rheinischer Merkur).

Johannes Bours/Franz Kamphaus

Leidenschaft für Gott

Ehelosigkeit, Armut, Gehorsam

8. Auflage, 192 Seiten, Paperback.
ISBN 3–451–19435–X

Dieses Buch gibt eine eindringliche Antwort auf die Frage, welchen Sinn die evangelischen Räte der Armut, der Ehelosigkeit und des Gehorsams haben und wie sie heute gelebt werden können. „Ein aufrüttelndes, faszinierendes und wegweisendes Buch" (Kirchenbote des Bistums Osnabrück).

Verlag Herder Freiburg · Basel · Wien

Franz Kamphaus im Verlag Herder

Briefe an junge Menschen

8. Auflage, 96 Seiten, mit zahlreichen Fotos,
Paperback.
ISBN 3–451–21335–4

Bischof Franz Kamphaus sucht das Gespräch mit jungen Menschen, die noch träumen können, die voller Erwartung sind, die aber auch sehr kritische Fragen stellen. Aus dem Dialog mit ihnen sind diese Briefe entstanden, die Anstöße zum eigenen Nachdenken und weiteren Gespräch geben wollen.

Entschieden leben

Was ich im Taufbekenntnis verspreche

2. Auflage, 128 Seiten, mit 8 Fotos, Paperback.
ISBN 3–451–22418–60

In radikaler Ehrlichkeit und mit einem besonderen Gespür, wie Menschen heute angesprochen werden können, greift der bekannte Bischof eine zentrale Frage des christlichen Lebens und der Seelsorge auf.

Mutter Kirche und ihre Töchter

Frauen im Gespräch

3. Auflage, 128 Seiten, mit 16 Fotos, Paperback.
ISBN 3–451–21576–4

Das Buch ist die Frucht zahlreicher Gespräche. Es will wiederum neue Gespräche und auch Taten in Gang bringen. Was hier zur Sprache kommt, läßt aufhorchen, macht nachdenklich und lädt ein, den Weg der mühsamen, oft kleinen Schritte zu wagen, den Weg, der über Rechthaberei und bloße Worte hinausführt.

Verlag Herder Freiburg · Basel · Wien